Erich J. Lejeune

# So verkaufen Sie sich reich

Erich J. Lejeune

# So verkaufen Sie sich reich

Das Erfolgsprogramm einer faszinierenden Persönlichkeit

verlag moderne industrie

**Die Deutsche Bibliothek – CIP-Einheitsaufnahme**

**Lejeune, Erich, J.:**
So verkaufen Sie sich reich : das Erfolgsprogramm einer faszinierenden Persönlichkeit / Erich J. Lejeune. - 2. Auflage - Landsberg/Lech : mi, Verl. Moderne Industrie, 2000
ISBN 3-478-24390-4


Internet: http://www.mi-verlag.de


Umschlaggestaltung: Daniela Lang, Stoffen
Satz: mi-Verlag, M. Zech
Druck: Himmer, Augsburg
Bindearbeiten: Thomas, Augsburg
Printed in Germany 240 390/119901
ISBN 3-478-24390-4

Top-Verkäufer sprechen über Ziele, mittelmäßige über Probleme und schlechte über Kollegen.

Verkaufen macht nur den reich, der reich ist an Persönlichkeit!

*Erich J. Lejeune*

# Inhaltsverzeichnis

# Vorwort

Der Verkäuferberuf ist für mich der schönste und spannendste der Welt! Verkaufen stellt im anbrechenden 21. Jahrhundert eine der größten beruflichen Herausforderungen dar, die vorstellbar sind. Nirgendwo anders sind die Aufstiegsmöglichkeiten derart gigantisch wie in der Welt des Verkaufens.

Ich selbst bin durch Verkaufen aus der Tiefe des Mißerfolgs zu ungeahnten Höhen des Erfolgs aufgestiegen. Deshalb bin ich auch als Vorstandsvorsitzender der ce CONSUMER ELECTRONIC AG immer wieder sehr stolz darauf, mich einen Verkäufer nennen zu dürfen. Ja, ich bin ein begeisterter Verkäufer. Und das beweise ich täglich: mir und meinen Kunden!

Diese Begeisterung für den Beruf des Verkäufers möchte ich mit meinem ersten Verkaufsbuch an Sie weitergeben. Was ich als Chip-Broker in einem wahrhaft globalen Markt durch Verkaufen an Erfolgen erzielen konnte, ist nicht auf eine einmalige Glückssträhne zurückzuführen, sondern auf die konsequente Umsetzung von einfachen Grundsätzen.

Verkaufen bedeutet für mich das brennende Verlangen nach meßbarem Erfolg bei zunehmend komplexer werdenden Dienstleistungen. Verkaufen beruht auf ehrlicher und erfolgreicher Kommunikation mit dem Kunden durch die Kraft der Persönlichkeit. Verkaufen ist Freude am Erfolg, ist Lebensfreude und Erfüllung, auch die Erfüllung von materiellen Wünschen und Träumen.

In „So verkaufen Sie sich reich" habe ich alle die Erfahrungen zusammengefaßt, die mir in über 40 Jahren als begeistertem Verkäufer Erfolg, Anerkennung, Wohlstand und Freude gebracht haben. Wenn auch Sie sich zum Ziel gesetzt haben, durch Verkaufen reich zu werden, und diese Erfolgsgrundsätze in Ihrem Leben Tag für

Tag immer besser umsetzen, kann ich Ihnen schon heute zu Ihrem Erfolg gratulieren. Er wird nicht ausbleiben!

Freuen Sie sich darauf, als begeisterter Verkäufer reich zu werden und ein überaus spannendes Leben zu führen!

*Erich J. Lejeune* *München, den 1. August 1999*

# Grenzenlose Möglichkeiten – ein Plädoyer für den Verkäufer

Ja, ich bin wirklich sehr stolz darauf, ein Verkäufer zu sein. Als ich vom „manager magazin“, dem führenden deutschen Wirtschaftsmagazin, von SAP und der Unternehmensgruppe Schitag + Partner die große und überaus ehrenvolle Auszeichnung „Entrepreneur des Jahres 1999“ entgegennehmen durfte, habe ich mich darüber natürlich unglaublich gefreut. Eine Steigerung dieser Freude und des Stolzes, den ich empfand, hätte es für mich nur geben können, wenn die Auszeichnung gelautet hätte: „Verkäufer des Jahres 1999“.

Ich sehe im Verkaufen einen äußerst anspruchsvollen und ehrenwerten Beruf. Deshalb brauche ich auch keine so wohlklingenden Berufsbezeichnungen wie Kundenberater, OEM-Betreuer, Client Executive, Key-Account-Manager, seine Steigerung zum Global Key-Account-Manager oder gar das Wortungetüm Customer-Business-Development-Manager, abgekürzt CBD. Das sind lauter Bezeichnungen, die das Wichtigste in diesem von mir heiß geliebten Beruf, nämlich das Verkaufen, im Titel schamhaft ausschließen wollen. Warum eigentlich?

Sicher ist es ein Unterschied, ob ich dem Inhaber eines Haushaltwarengeschäfts die neuesten Steckdosen vorstelle oder ob ich einem Stromkonzern ein ganzes Kraftwerk verkaufe. Eines ist dennoch bei all diesen unterschiedlichen Dimensionen gleich: Verkäufer und mit ihnen die ganze Wirtschaft leben vom Verkaufen.

Aus diesem Grund steht auf den Visitenkarten meiner Vertriebsmitarbeiter der CONSUMER ELECTRONIC AG auch ihre tatsächliche Berufsbezeichnung; nämlich: Verkäufer!

# Der Verkäufer ist der Turboantrieb unserer Wirtschaft

Erfolgreich Verkaufen ist der wichtigste Teil unseres Wirtschaftssystems. Was ist, wenn all die Waren, die von einer hochentwickelten Industrie produziert werden, nicht mehr von den Hunderttausenden von engagierten Verkäufern umgesetzt werden? Dann stockt sofort die Wirtschaft, sinkt der Lebensstandard und steigt die Arbeitslosigkeit. Wußten Sie, daß im Bereich der Industrie und des produzierenden Gewerbes ein Verkäufer im Schnitt 30 Arbeitsplätze garantiert? Darauf dürfen wir Verkäufer mit Recht sehr stolz sein.

Als Verkäufer befinden wir uns nämlich im freien Wettbewerb. Das heißt, wir leben nur von dem, was wir auch tatsächlich umsetzen und verkaufen! Das macht unseren Stolz aus, in diesem Wettbewerb mitzuspielen. Ja, auch ich bin stolz darauf, Verkäufer zu sein. Und das war ich schon, als ich noch in einem renommierten Münchner Elektrogeschäft hinter der Ladentheke stand und Bauteile für Hobbybastler oder Fernsehantennen verkaufte. Darüber hinaus stand und steht für mich beim Verkaufen immer der gute Kontakt zum Kunden im Mittelpunkt. Deshalb ist für mich Verkaufen der schönste Beruf, den ich mir vorstellen kann. Und für Sie sicher auch, oder etwa nicht?

Es ist mir unverständlich, wie in den vergangenen Jahrzehnten die Vorstellung entstehen konnte, daß jeder, der sich ein paar Verkaufstricks und im Vorbeigehen vielleicht noch ein wenig Produktkenntnis angeeignet hat, verkaufen kann und sich sogar als Verkäufer bezeichnen darf. Der Verkäufer als letzter Ausweg für Menschen, die in anderen Berufen gescheitert sind? Dieser Geringschätzung des Verkäufers in seiner Bedeutung für die Wirtschaft und für den allgemeinen Wohlstand trete ich ganz entschieden entgegen. Verkäufer sind der Turboantrieb der Wirtschaft!

Leider verstehen hierzulande immer noch viel zu viele Menschen den Beruf des Verkäufers als einen Job minderer Qualität, in den jeder nach Belieben einsteigen kann, wenn sich nichts Besseres ergibt. Das ist fatal, und zwar für die gesamte Wirtschaft, denn solange in Deutschland an der „Dienstleistung“ das Dienen unbeliebt ist und die Leistung fehlt, so lange wird sich an der allseits beklagten „Service-Wüste Deutschland“ nichts ändern.

Erfolgreich verkaufen erfordert nach meinem Selbstverständnis dasselbe Maß an professioneller Ausbildung und Hingabe wie es der Beruf des Arztes, des Rechtsanwalts, des Architekten oder des Ingenieurs benötigt. Es gibt keinen geborenen Arzt oder Rechtsanwalt, der ohne eine fundierte Ausbildung und ohne ein hohes Maß an Bereitschaft, ständig dazuzulernen, seinen Beruf ausüben könnte. Oder würden Sie sich von jemandem operieren lassen, vor Gericht vertreten lassen oder ein Haus bauen lassen, der von sich sagt: „Ich bin der geborene Arzt, (Rechtsanwalt, Architekt oder Ingenieur). Eine Ausbildung brauche ich nicht!“ Das Ergebnis wäre wirklich katastrophal, und bei dem höchst verantwortungsvollen Schlüsselberuf des Verkäufers ist es ebenso!

## Das neue Bild des Verkäufers

Ich bin der festen Überzeugung, daß die Wirtschaft der Bundesrepublik Deutschland einen deutlichen Aufschwung nehmen wird, wenn dem Beruf des Verkäufers die Wertschätzung zuerkannt wird, die er verdient und die zum Beispiel in den USA eine Selbstverständlichkeit ist. Deutliche Anzeichen dafür sind bereits erkennbar.

Das Bild vom Verkäufer, der mit dem neuesten Set Bratpfannen oder mit dem dreibändigen Lexikon der

Volksgesundheit im Gepäck durch die Lande zieht, gehört in Zeiten des E-Commerce allmählich der Vergangenheit an.

Der Verkäufer von heute braucht neben seiner Vertriebserfahrung ein breitgefächertes Expertenwissen von hoher Aktualität, das zum Beispiel im Fall der Mikrochips nicht nur deren Leistungsdaten beinhaltet, sondern neben der tagesaktuellen globalen Marktübersicht auch die Kenntnis der Anwendungsbereiche in der Industrie erfordert. Diese Produktkenntnis und eine übergreifende Marktkenntnis begründen das Ansehen unserer ce-Verkäufer und ihren Erfolg bei unseren Kunden, deren Firmennamen allesamt zum „Who's who?" der europäischen Wirtschaft gehören.

## Der Verkäufer als Top-Manager

Der negative Beigeschmack, den viele mit der Berufsbezeichnung „Verkäufer" immer noch verbinden, ist meinem Eindruck nach glücklicherweise ganz rapide im Schwinden begriffen. Denn kaum ein Berufsprofil hat sich in den vergangenen Jahren derart dramatisch verändert – und wird sich weiter verändern – wie das des Verkäufers. Der Verkäufer von heute ist in zunehmendem Maße in der Produktentwicklung als Ideenvermittler zwischen den immer anspruchsvoller werdenden Kundenbedürfnissen und den produzierenden Unternehmen tätig.

Der Verkäufer von heute ist in vielen Bereichen ein Top-Manager. Er denkt nicht mehr so sehr in einzelnen Produkten, sondern in ganzen Warenkategorien, Prozeßketten und Problemlösungen für den Kunden. Er verkauft, um nur ein Beispiel zu nennen, nicht mehr nachträglich die Eternitverkleidung, sondern nach eingehenden Kundengesprächen und Bedarfsanalysen den gesamten Bürokomplex vom Architektenentwurf über die Finanzierung und die Bauausführung bis hin zum kompletten Facility Management mit Gebäudereinigung, Wachdienst und technischer Servicetruppe.

Die USA, das Verkäuferland Nummer eins, haben auch hier wieder eine Vorreiterrolle übernommen. Dort ist eine Ausbildung im Verkauf und eine entsprechende Bewährung als unternehmerisch agierender Teamleiter einer Verkaufsorganisation mittlerweile die selbstverständliche Basis für künftige Top-Manager. Und es ist abzusehen, wann diese Entwicklung auch bei uns in Europa und vor allem in der Bundesrepublik Deutschland in großem Umfang greift.

Auf diese unglaublichen Herausforderungen der Zukunft können Sie sich freuen! Denn die Chancen, daß Sie in einer Verkäuferkarriere ins Top-Management eines großen Unternehmens aufsteigen oder Ihr verkäuferisches Talent und Know-how in ein eigenes Unternehmen einbringen können, wachsen derzeit ganz gewaltig. Verkäufer im Management bringen neuen Schwung in die Unternehmen, denn sie sind von ihrem ganzen Naturell her Top-Verkäufer-Motivierer. Und eines wissen Sie sicher so gut wie ich: Top-Verkäufer sind immer Top-Verdiener.

## Ein Beruf mit großen Aussichten

Wenn Sie sich entschlossen haben, eine große Karriere als Verkäufer ins Auge zu fassen, dann kann ich Ihnen dazu nur gratulieren! Denn sehen Sie sich eine Liste der reichsten Männer und Frauen der Welt an, und Sie werden feststellen, daß ein großer Teil von ihnen reich geworden ist durch den erfolgreichen Verkauf von Produkten, von überzeugenden Dienstleistungen, von ungewöhnlichen Ideen und von komplexen Lösungen.

Verkaufen ist übrigens die einzige Art und Weise, reich zu werden, ohne daß man vorher riesige Investitionen in Produktionsstätten stecken muß. Glauben Sie mir, die einzigen „Produktionsmittel", die Sie mitbringen müssen, wenn Sie als Verkäufer reich werden wollen, sind ein wacher Geist, große Neugierde, ein unstillbares Informationsbedürfnis, ein unerschütterliches Selbstvertrauen und der unbedingte Wille, von Ihren Zielvorgaben niemals abzurücken, auch wenn noch so viele Hindernisse im Weg liegen.

Und sicher geben Sie mir recht, wenn ich sage, diese „Produktionsmittel" kosten nicht mehr als den Entschluß, die Fähigkeiten, die in Ihnen angelegt sind, Schritt für Schritt auf ein großes Ziel hin zu entwickeln.

## Eine Million Mal erfolgreich verkauft

Ich möchte Ihnen für die Aufstiegsmöglichkeiten eines begeisterten Verkäufers ein ganz persönliches Beispiel aufzeigen. Wenn ich all die Verkäufe von meiner Lehrzeit bis zum heutigen Tag, an dem ich mit 55 Jahren als Vorstandsvorsitzender der ce CONSUMER ELECTRONIC AG den Erfolg dieses Unternehmens lebe und nach außen verkaufe, zusammenrechne, dann kann ich sagen, daß ich in meinem Leben bisher über eine Million Mal erfolgreich verkauft habe. Das heißt, ich habe über eine Million Mal Menschen nicht nur von einer Ware oder einer Dienstleistung überzeugt, sondern auch ein wenig von meiner Person, von meinen fundierten Kenntnissen und von meinen ehrlichen Absichten.

Ja, ich bin mit Leib und Seele Verkäufer. Verkaufen ist für mich Spaß, Lebensfreude und Erfüllung. Mein Leben ist ein Beispiel dafür, daß es vom Nullpunkt aus für einen ehrgeizigen und zielstrebigen Verkäufer nach oben keine Grenzen gibt, wenn er seine Möglichkeiten von jeder Entwicklungsstufe aus konsequent weiterentwickelt. Deshalb sollten Sie sich als Verkäufer eines bitte immer vor Augen halten:

*Die Aufstiegsmöglichkeiten eines Verkäufers sind praktisch unbegrenzt, wenn er sein verkäuferisches Können und seine Überzeugungskraft mit unternehmerischem Denken, mit Mut, Ehrlichkeit und Ausdauer kombiniert.*

Diese lapidare Erkenntnis verdanke ich nicht einer plötzlichen Eingebung. Ich habe sie auch nirgendwo gelesen, sondern ich habe sie schrittweise über einen Zeitraum von mehr als 40 Jahren selbst erarbeitet. Sie ist absolut schlüssig, und deshalb möchte ich sie ganz bewußt an Sie weitergeben!

## Eine zukunftsweisende Erkenntnis

Wie so viele große und erfolgreiche Karrieren begann auch mein Aufstieg nach einer katastrophalen Niederlage. Ich hatte für einen Mann, den ich wie eine Vaterfigur verehrte, ein sehr erfolgreiches Unternehmen in der Elektronikbranche aufgebaut und mir berechtigte Hoffnungen gemacht, sein Juniorpartner zu werden. Was ich nicht ahnen konnte, war, daß er große Teile des Gewinns, den ich durch engagiertes Verkaufen erwirtschaftete, nicht in den weiteren Aufbau des Unternehmens gesteckt, sondern in sein privates Luxusleben investiert hatte. Ich mußte erkennen, daß sein ganzes Leben auf Unehrlichkeit aufgebaut war, angefangen von kleinen Notlügen bis hin zu den für einen Kaufmann tödlichen Lebenslügen.

Als ich es wagte, dieses existentiell bedrohliche Fehlverhalten vor der Mannschaft, die ich immer wieder zu Höchstleistungen angespornt hatte, offen anzusprechen, wurde ich fristlos entlassen. Im Rückblick bin ich ihm dafür natürlich sehr dankbar, weil mir das einen Stoß in die richtige Richtung versetzt hat. Doch damals saß diese Ungerechtigkeit tief, sehr tief. Sie stellte mich an den Abgrund, und das werde ich ihm nie vergessen!

Ich hatte diesen Mann noch wenige Monate zuvor in einer unglaublichen Kraftanstrengung vor dem Aus gerettet, das von seiten der Banken schon so gut wie beschlossene Sache schien. Es war mir zusammen mit meiner Verkaufsmannschaft gelungen, innerhalb weniger Wochen sein ganzes Lager abzuverkaufen. Und das war nun sein Dank dafür. Obendrein war er zu feige, mir diesen Rauswurf selbst mitzuteilen. Er bediente sich dafür seiner Anwälte. Über dieses absolut unverständliche und schäbige Verhalten war ich einfach fassungslos und verzweifelt.

Eine Reihe von privaten Nackenschlägen kam hinzu. Es folgte ein Absturz ins Bodenlose. Als ich keinen Ausweg mehr sah, verfiel ich für kurze Zeit ernsthaft der Wahnvorstellung, daß es wohl das Beste sei, diesem aussichtslosen Leben ein schnelles Ende zu bereiten. In meiner Verzweiflung fuhr ich zu einer Brücke außerhalb von München, die für derartige Vorhaben eine traurige Berühmtheit erlangt hatte. Dort stand ich eine halbe Nacht und quälte mich mit dem scheinbar unausweichlichen Gedanken, daß es für mich keinen anderen Ausweg mehr gab, als in die Tiefe zu springen. Als sich nach Stunden des ziellosen Brütens und verzweifelten Abschiednehmens von Hoffnungen, die ich einmal gehegt hatte, diese tiefe seelische Enttäuschung in einer Flut von Tränen auflöste, kam mir nach einer geraumen Weile der erlösende Gedanke: „Wofür hat dir denn dein ehemaliger Chef dieses Wahnsinnsgehalt bezahlt?“

Plötzlich stand mir die einzig richtige Antwort vor Augen: „Weil du ein begeisterter und erfolgreicher Verkäufer bist!“ Plötzlich wußte ich wieder mit aller Deutlichkeit, daß ich von meinem ganzen Naturell und vermutlich auch von meiner hugenottischen Abstammung her mit Leib und Seele Verkäufer bin. Dieses Bewußtsein, die richtige Antwort auf meine Verzweiflung gefunden zu haben, und der gleichzeitige Entschluß, als Verkäufer ein eigenes Unternehmen aufzubauen, haben mir das Leben gerettet. Die Tiefe der durchgestandenen Verzweiflung bewirkte einen ungeheuren Erfolgsdruck. Ich wußte, nur als Verkäufer war es überhaupt denkbar, wieder nach oben zu gelangen. Ich brannte darauf, mich als Verkäufer wieder hochzuarbeiten.

Ich spürte das große Bedürfnis, mit Menschen zusammenzutreffen, ihre Ideen und Anschauungen zu hören, sie auch von meinen Vorstellungen zu überzeugen und mit ihnen gemeinsam Lösungen zu erarbeiten.

Ja, ich liebe es bis heute, spontan zu agieren, und ich weiß, daß ich gerade in schwierigen Verhandlungsphasen 1000 Verkaufsideen habe, wie ich ein Geschäft doch noch zu einem gelungenen und von beiden Seiten mit Überzeugung akzeptierten Abschluß bringen kann.

## Ein Blick in den Pokalschrank der Erfolge

Ich wußte, daß ich nicht nur ein begeisterter Verkäufer war – ich konnte auch damals schon auf eine Reihe beachtlicher Verkaufserfolge zurückblicken. So hatte ich große Stückzahlen an Fernsehantennen in Jugoslawien und Radioröhren und Fernseher in den Niederlanden eingekauft und sehr erfolgreich wieder weiterverkauft. Mit knapp 30 Jahren war es mir gelungen, durch meinen persönlichen Einsatz vom größten europäischen Versandhaus einen Millionenauftrag für elektronische Bauteile hereinzuholen.

Können Sie sich vorstellen, was das für mich als Verkäufer bedeutete? Ein Auftrag, auf dessen unterster Zeile eine siebenstellige Zahl stand! Und diesen Wahnsinnserfolg hatte ich aus eigener Initiative von der Idee bis zum erfolgreichen Abschluß mit all meiner Überzeugungskraft ganz allein vorbereitet und durchgesetzt.

Auf der Rückfahrt nach München hatte ich immer wieder angehalten, diesen unglaublichen Millionenauftrag aus meiner Mappe genommen und ihn jubelnd betrachtet. Auch in diesen verzweifelten Momenten auf der Brücke stand mir dieser Auftrag wieder vor Augen. Ich wußte plötzlich wieder, daß das kein einsamer Glückstreffer gewesen war und daß ich derartige Erfolge immer wieder erringen würde.

Ja, ich hatte als Top-Verkäufer mit 30 Jahren mit unermüdlichem Einsatz, durch Ideenreichtum, Durchsetzungsvermögen und Überzeugungskraft ein Einkommen bezogen, das weit über dem des damaligen Bundeskanzlers lag. Warum sollte ich als junger Mann das nicht noch einmal schaffen? Ich stand damals zwar augenscheinlich ganz am Ende, aber ich wußte auch, daß es für einen Vollblutverkäufer wie mich immer wieder einen Anfang gibt – und einen Weg, der nach oben keine Begrenzung hat.

*Ein Vollblutverkäufer kennt nach oben keine Grenzen. Er sprengt sie ganz einfach! „Sprenge deine Grenzen“ heißt auch das neueste Buch von Jürgen Höller, das ich Ihnen gerne empfehle!*

## Ein langgehegtes Ziel

Mein Ehrgeiz, vorwärtszukommen, Erfolg zu haben und damit auch Anerkennung zu erringen, kam aus der unvorstellbaren Armut, in der ich aufgewachsen bin. Da gab es wirklich nur zwei Alternativen: entweder ein Leben unterhalb des Existenzminimums zu fristen oder seine ganze Kraft zusammenzunehmen und einen Erfolg an den anderen zu knüpfen.

Schon in meiner Kindheit hatte ich ganz klar erkannt, daß man Mittellosigkeit und Armut nur überwinden kann, wenn man sich große Ziele setzt und stets die unerschütterliche Hoffnung in sich trägt, jene auch tatsächlich zu erreichen. Bereits während meiner Lehrzeit als Großhandelskaufmann in der Elektrobranche hatte ich den ehrgeizigen Entschluß gefaßt, im Beruf einen der vordersten Plätze einzunehmen und durch erfolgreiches Verkaufen reich zu werden. Ich hatte den sicher verständlichen Wunsch, mir irgendwann einmal all die Dinge leisten zu können, auf die ich als Kind so schmerzhaft hatte verzichten müssen.

Dieser Entschluß war tief in mir verwurzelt, und ich konnte ihn damals nur verwirklichen, indem ich jeglichen Pessimismus ablegte und mich immer wieder von neuem für mein Lebensziel motivierte. Ja, ich wollte durch Verkaufen reich werden! Und ich wollte immer wieder von neuem die Begeisterung spüren, die ich jedesmal empfand, wenn ich einen Kunden besuchte und mit einem für beide Seiten erfolgreichen Abschluß zurückkam.

Ich bin mir ganz sicher, auch Sie kennen dieses unsagbare Hochgefühl, das einen nach einem gelungenen Abschluß förmlich schweben läßt. Man lechzt nach dem nächsten Kunden, nach dem nächsten Auftrag, nach der nächsten Stufe des Aufstiegs.

## Eine ganz einfache Idee

Da ich als Verkäufer schon immer ein Höchstmaß an Selbständigkeit und Eigenverantwortung angestrebt hatte, lag für mich nach dieser fürchterlichen Niederlage ein Schritt nahe: Ich gründete 1976 mein eigenes Verkaufsunternehmen, die ce Consumer Electronic, und zwar mit einer in meiner Branche völlig neuen Idee. Ich wollte ein Handelshaus für elektrotechnische und elektronische Bauteile aufbauen – nach dem Prinzip des Brokerhandels. Dieses Prinzip war in der Finanzwelt längst etabliert. Warum sollte es also in der Elektronikbranche nicht genauso funktionieren?

Meine von „Insidern" der Elektronikbranche für völlig verrückt gehaltene Idee war ganz einfach aus der Not und aus dem Druck meiner Niederlage geboren. Ich hatte nicht im entferntesten die Summen zur Verfügung, die notwendig waren, um im Elektronikbereich ein Großhandelslager aufzubauen. Genauer gesagt hatte ich überhaupt kein Geld zur Verfügung. Ganz im Gegenteil. Im Vertrauen auf meine verkäuferischen Erfolge und die bevorstehende Partnerschaft hatte ich eine Eigentumswohnung erworben, deren Gegenwert nun mit einem dikken Minuszeichen zu Buche stand. Aber Sie kennen das sicher auch, dem Druck kann man entweder nachgeben und die Flinte ins Korn werfen oder eine unbeirrbare Entschlossenheit und ungewöhnliche Ideen dagegensetzen.

*Top-Verkäufer brauchen den Druck, unter dem sie beweisen können, daß sie niemals aufgeben! Echte Verkäufer lieben Druck!*

Darüber hinaus war mir aufgrund meiner Kenntnis des Marktes eines klar: Die enorme Innovationsgeschwindigkeit des Elektronikmarktes stellte ein unkalkulierbares Risiko für ein eigenes Lager dar. Millionenwerte konnten durch eine Neuentwicklung über Nacht drastisch und in existenzbedrohender Weise an Wert verlieren.

Was sollte ich also tun? Als Verkäufer war ich seit jeher an der schnellstmöglichen und direktesten Abwicklung eines Auftrags interessiert gewesen – und was lag da näher, als die Ware per Auftrag vom Lager des Herstellers oder Distributors zum Kunden zu befördern? Da ich mir ein Lager nicht leisten konnte, erfand ich ganz einfach das schnellste Lager der Welt: das Lager in der Luft, bei dem sich die georderte Ware in den Frachträumen der großen Fluggesellschaften unterwegs zum Kunden befindet! Chips im Cockpit, Chips im Frachtraum – das war die richtige Logik meiner Logistik!

## Vom Nullpunkt an den Neuen Markt

Sie werden sich vielleicht fragen, ob ich mit dieser verkäuferischen Idee erfolgreich war. Das können Sie ausführlich in meinem Buch „Die ce-Story" nachlesen. Ich will dazu hier nur eines anmerken: Als ich 1976 – völlig mittellos – die ce gründete, schlief ich in einer leergeräumten Wohnung auf dem Fußboden. Ich besaß noch einen dunkelblauen Anzug, zwei hellblaue Hemden, ein Paar Schuhe – und die Erfahrung einer vernichtenden Niederlage. Meine Startinvestition für dieses „total verrückte Vorhaben" belief sich auf sage und schreibe 170 DM für ein gebrauchtes Telexgerät und einen Schreibtisch vom Trödelmarkt. Doch Sie wissen so gut wie ich:

*Ein begeisterter Verkäufer braucht für ein erfolgreiches Handeln in erster Linie nur Ideen und die notwendigen Kommunikationsmittel!*

Als die ce CONSUMER ELECTRONIC AG im Sommer 1999, ein Jahr nach dem Börsengang, die erste Hauptversammlung mit ihren Aktionären abhielt, stellte sie bei einem geplanten Jahresumsatz von 70 Millionen einen Börsenwert von nahezu 1,5 Milliarden DM dar, und ich konnte den Aktionären mit voller Überzeugung verkünden, daß wir für das Jahr 2004 eine Milliarde Umsatz ins Visier genommen haben. Nun sagen Sie mal ehrlich, können Sie sich eine andere Tätigkeit vorstellen als den

Verkauf, durch die ein derartiger Aufstieg möglich gewesen wäre? Ich glaube nicht!

## Die erste virtuelle Chip-Börse der Welt

Eine Milliarde Umsatz! Was machte mich so sicher, daß ce dieses gigantische Wachstumsziel auch tatsächlich erreichen wird? Ich hatte nach dem Börsengang eine weitere verkäuferische und, wie ich meine, visionäre Idee geboren, die den Chip-Handel ein weiteres Mal revolutionieren wird: Zusammen mit einem kanadischen Partner gründeten wir die erste virtuelle Chip-Börse der Welt, die Virtual Chip Exchange, VCE, mit Sitz in Montreal. Sie verfügt über eines der leistungsfähigsten Datenbankkonzepte der Welt.

Diese Idee war im Grunde sehr einfach, auch wenn sie in der Durchführung ein sehr komplexes Datenmanagement erfordert. Ich hatte mir schon seit geraumer Zeit überlegt, wie ich den Service für unsere Industriekunden weltweit noch verbessern und neue Kunden dazugewinnen könnte. Da stieß ich auf einen ganz entscheidenden Ansatzpunkt – das Inventory Management. Große Industriekunden, die eine Produktlinie abgeschlossen haben und noch über Restmengen an Mikrochips verfügen, legen diese normalerweise auf Lager, wo sie nicht nur totes Kapital darstellen, sondern, wie schon erwähnt, bei der heutigen Innovationsgeschwindigkeit täglich an Wert verlieren und sehr häufig am Ende eines Geschäftsjahres zur Bereinigung der Lagerbestände für einen Bruchteil ihres ursprünglichen Werts verhökert werden.

Nun können unsere Kunden diese Restmengen gegen eine Gebühr online in die VCE einbuchen. An diesen Börsenmarktplatz sind andererseits Tausende OEMs, Franchisenehmer und Komponentenhersteller angeschlossen. Sie können diese Kontingente umgehend virtuell ordern.

Damit erfüllt sich für mich auch die Grundidee des Verkaufens:

*Verkaufen muß allen Beteiligten einen erkennbaren Nutzen und geldwerten Vorteil bringen. Nur dadurch entstehen verläßliche und langfristige Kundenbeziehungen.*

Hinzu kommt, daß ce durch ihren Einstieg in die virtuelle Chip-Börse die Zahl ihrer Kunden für VCE auf einen Schlag von 3000 auf 175 000 Kunden erweitern konnte. Der Kundenkreis von ce vervielfachte sich durch VCE in gigantischer Weise. Und zwar von einer Nacht auf den anderen Morgen. Einfach per Knopfdruck. Mit diesem Knopfdruck hat sich VCE, über das bereits bestehende Intranet hinaus, in den größten Vertriebskanal der Welt eingeklinkt – ins allgemeine Internet.

## Das Portal zum globalen Internethandel

Wenige Tage vor der besagten ersten Hauptversammlung erhielt ich die Unterschrift unter einen Kooperationsvertrag mit Arrow, dem weltgrößten Distributor für Mikrochips. Arrow beteiligte sich an VCE! Unvorstellbar! Das war mit Sicherheit das größte virtuelle Geschäft, das ich je zum Abschluß gebracht habe. Über ein Jahr hatten mein Team und ich um diesen Vertrag gekämpft – mit unserem ganzen verkäuferischen Mut, mit Überzeugungskraft und vor allem mit dem nie nachlassenden Erfolgsbewußtsein, daß wir ein Nein einfach nicht als Ende der Verhandlungen akzeptieren konnten.

Ja, übernehmen Sie diese drei Begriffe als feste Größen in Ihre Denkstrukturen für die Zukunft: verkäuferischer Mut, Überzeugungskraft und nie nachlassendes Erfolgsbewußtsein!

Mit VCE und mit dieser Partnerschaft haben wir das Portal zum globalen Chip-Marktplatz der Zukunft weit aufgestoßen. Nun sind die Möglichkeiten wirklich grenzenlos. Davor lagen Tausende von Verkaufsideen und Hunderttausende von erfolgreichen Geschäftsabschlüssen von ce als „Feuerwehr der Elektronikbranche", die ich zusammen mit meinem Partner Herbert E. Graus und meiner Mannschaft getätigt habe.

## Nehmen Sie die Erfolge anderer immer als Anreiz

Denken Sie nun bitte nicht: „Das schaffe ich nie!" Ich möchte Sie ganz im Gegenteil mit meinem Leben davon überzeugen, daß ähnliche Erfolge auch für Sie machbar sind. Sie dürfen nur nicht den weitverbreiteten Fehler machen und nur das Ergebnis betrachten. Vergleichen Sie meine Ausgangsposition mit Ihren Startmöglichkeiten. Und Sie werden mit ziemlicher Sicherheit feststellen, daß Sie weit besser dastehen. Der Kern des Erfolgs liegt nicht in den strahlenden Siegen, sondern immer im langen Weg ihrer Verwirklichung.

Mein langer Weg zum Erfolg soll Ihnen einmal mehr zeigen, was im Verkauf möglich ist. Ich will Sie nicht etwa zum Kopieren anregen. Kopierte Ideen sind nämlich selten erfolgreich. *Erfolg gibt es nicht im Franchisesystem.*

Ich will Sie nur grundsätzlich davon überzeugen, daß ein derartiger Erfolg für jeden und in jeder Branche machbar ist. Beispiele dafür gibt es mehr als genug!

## Überschreiten Sie selbstgesetzte Grenzen

Glauben Sie mir, für einen begeisterten Verkäufer gibt es nur die Grenzen, die er sich selber setzt. Mit meinem Lebensweg will ich Ihnen eines deutlich machen: Erfolg ist eine Frage der inneren Einstellung. Erfolg muß man lieben und wollen – mit voller Hingabe, mit dem nötigen Ehrgeiz und der erforderlichen Durchsetzungskraft! Und Sie wollen doch den Erfolg! Oder etwa nicht?

Ja, ich will Sie mit meinem Beispiel und dem vieler anderer erfolgreicher Verkäuferkarrieren zu eigenen großen Leistungen anspornen. Setzen auch Sie sich das Ziel, durch Verkaufen reich zu werden! Sprengen Sie Ihre Grenzen, von denen Sie sich heute noch eingeengt fühlen. Brechen Sie in Ihrer Vorstellung aus den scheinbar vorgegebenen und oft tödlich langweiligen Karrieren aus, bei denen nach landläufiger Meinung „einfach nicht mehr drin ist".

Diese Reserveverkäufer, die jede Herausforderung mit dem Satz abwehren „Das schaffe ich nie! Wie soll ich denn?", bekommen im Lauf ihres Lebens nicht einmal eine Ahnung davon, was sie alles zu leisten imstande gewesen wären. Sie unterliegen dem sehr starken Trieb, immer nur das zu wiederholen, was sie einmal gelernt und einmal mit Erfolg angewandt haben. Sie bewegen sich nur innerhalb der Grenzen, die ihnen von ihrer Herkunft und Ausbildung vorgegeben scheinen, und verpassen damit eine Zukunft, die einem begeisterten und erfolgsorientierten Verkäufer ungeahnte Möglichkeiten bietet.

Um so wichtiger sind die Menschen, die aus ihren Gewohnheiten ausbrechen und ihr Leben von Grund auf verändern und vor allem verbessern wollen. Sie wissen doch selbst, daß Erfolg im Verkauf keine Hexerei ist. Und durch Verkaufen reich zu werden ebenfalls nicht! Deshalb hoffe ich sehr, daß Sie zu der kleinen Gruppe von Menschen gehören, die diesen Aufbruch wagen!

Vertrauen Sie auf meine Prognose: Wenn Sie dieses Ziel ernsthaft anstreben und über viele Jahre Ihres Lebens nicht aus den Augen verlieren, haben Sie eine ausgesprochen spannende Zukunft vor sich! Diese Zukunft wird Sie mit tiefer Befriedigung erfüllen, denn in keinem anderen Berufszweig hat sich das Jobprofil so verändert wie im Verkauf. Verkauf ist der Turbolader für steile Karrieren.

## Der Preis für Erfolg

Wenn Sie sich zum Ziel gesetzt haben, ein Top-Verkäufer zu werden und durch Verkaufen reich zu werden, werden Sie sich auch darüber im klaren sein, daß Sie einen hohen Einsatz zu erbringen haben. Wie ein Profisportler, der nur durch hartes Training, durch die Bereitschaft, sich ständig fit zu halten, ja, durch die Opferbereitschaft im Wettkampf gegen die Besten seiner Disziplin antreten kann. Er muß den entbehrungsreichen Weg des täglichen Trainings und der größtmöglichen Selbstdisziplin gehen.

Der Einsatz, ein absoluter Spitzenprofi zu werden, ist sehr hoch. Wenn Sie sich zum Ziel gesetzt haben, in die Riege der Top-Verkäufer aufzusteigen, dann müssen Sie eines wissen: Dieser Einsatz ist nicht nur sehr hoch. Sie müssen auch bereit sein, ihn lange vorher zu entrichten – ehe Sie reich und erfolgreich geworden sind. Deshalb ist die Freude am Beruf des Verkäufers um ein Vielfaches wichtiger als der Wunsch, damit viel Geld zu verdienen.

So wie ein Arzt ein langes Studium hinter sich bringen muß, um dann jahrelang auf einer schlechtbezahlten Stelle als Assistenzarzt 12 oder 14 Stunden und länger zu arbeiten, ehe er überhaupt daran denken kann, eine eigene Praxis zu eröffnen, so sollte ein Verkäufer bereit sein, die harte Schule des Verkaufens zu durchlaufen, hart zu arbeiten und sich keine Ausreden für mangelnde Disziplin und mangelnden Einsatz zu gönnen. Ausreden liegen auf dem Tisch des Kunden wie auf einem Röntgenschirm. Ausreden im Verkauf reden einen Verkäufer aus dem Auftrag! Sprich ins Aus!

## Jeden Tag ein kleiner Schritt

Für Ihr Ziel, zum Top-Verkäufer aufzusteigen, möchte ich Ihnen einen Trainingsgrundsatz mit auf den Weg geben. Er lautet: „Ich verbessere mich jeden Tag um einen kleinen Schritt!" Ja, wenn Sie es genau betrachten, können Sie wirklich alles immer noch ein wenig verbessern – Ihre Produktkenntnis, Ihre Fragetechnik, Ihre Abschlußgespräche, Ihre Kundenkontakte, Ihr Allgemeinwissen, die Ausstrahlung Ihrer Persönlichkeit, Ihre persönlichen Kontakte und nicht zuletzt Ihre Selbstdisziplin. Das Ziel, täglich in allem, was Sie tun, ein klein wenig besser zu werden, setzt ein hohes Maß an Selbstdisziplin und harter Arbeit voraus.

Das mag für viele ziemlich abschreckend klingen, und sicher ist es mit harter Arbeit allein nicht getan. Aber ist es nicht das, was die Erfolgreichen vom unzufriedenen Durchschnitt abhebt? Sobald Sie sich ernsthaft und unwiderruflich auf Ihr Ziel, als Top-Verkäufer Karriere zu machen, festgelegt haben, werden Sie ganz von selbst bereit sein, hart zu arbeiten, einen Teil Ihrer Freizeit auf Ihre Weiterbildung zu verwenden und auch einen Teil Ihres hart verdienten Einkommens in Seminare und in eine eigene Fachbibliothek zu investieren. Wen befriedigt schon das weitverbreitete Mittelmaß im Verkäuferberuf?

Ihr erklärtes Ziel wird sein, in die Riege der Besten aufzusteigen und dann der Beste in Ihrer Branche zu werden. Denken Sie immer wieder daran: Um die Goldmedaille im 1000-Meter-Lauf zu gewinnen, muß man nur einen Schritt schneller sein als die anderen!

## Freude am Beruf durch verwirklichte Ziele

Ich beziehe meine Freude am Verkauf in erster Linie aus den Zielen, die ich verwirkliche, aus den vielen kleinen und auch großen Erfolgen, die ich auf dem Weg zur Verwirklichung meiner Ziele und Visionen schon erlebt und häufig genug erkämpft habe – und die ich Tag für Tag aufs neue lebe und erlebe!

Das ist Selbstverwirklichung, wie ich sie verstehe. Für viele Menschen steht Selbstverwirklichung offenbar in krassem Gegensatz zu einem Beruf, für den man sich anstrengen muß und der den vollen Einsatz aller körperlichen und geistigen Kräfte erfordert. Das wollen viele nicht wahrhaben. Wenn Sie aber Menschen fragen, die ein wirklich erfülltes und in jeder Beziehung reiches Leben führen, wann sie am glücklichsten sind, werden Sie immer zur Antwort bekommen: „Wenn ich vor einer Herausforderung stehe, für die ich alles geben muß, was an Fähigkeiten in mir steckt, und für die ich meine Leistungen ständig verbessern muß!"

In meinem Leben war das nie anders und wird vermutlich auch nie anders sein. Schon während meiner Lehrzeit mußte ich sehr hart arbeiten. Mein Arbeitstag im grauen Kittel begann damit, daß ich den schweren Fahrradständer auf die Straße schleppen mußte. Ehe ich hinter der Ladentheke stehen und verkaufen durfte, mußte ich Papierkörbe leeren, Schreibtische abstauben und Brotzeit holen. Aber das machte mir nichts aus, denn ich hatte bereits damals ein Ziel. Ich wollte den grauen Lehrlingskittel so schnell wie möglich ablegen. Mein Traum war der weiße Kittel des Verkäufers!

Als ich dieses Ziel endlich geschafft hatte und diesen weißen Mantel endlich tragen durfte, stürzte ich mich mit Feuereifer ins Verkaufen. Wer an den langen Samstagen die meisten Kassenzettel vorweisen konnte, bekam eine zusätzliche Prämie. Diese Prämien gewann ich reihenweise. Ich spürte in mir den unstillbaren Drang, vorwärtszukommen, meine Kunden glücklich zu machen und mit ihnen zusammen Erfolge zu erleben – und dieser Drang hat mich bis heute nicht verlassen! Ich reise heute mit derselben Begeisterung zu Kunden wie vor 20, 30 oder 40 Jahren. Und ich bin sehr stolz darauf, ohne Abitur, ohne Studium, nur mit einem Hauptschulabschluß als „Verkäufer" den Weg von der Ladentheke bis in die Vorstandsetagen der renommiertesten europäischen Unternehmen und unserer amerikanischen Partner gefunden zu haben.

## Verkaufen in Zeiten des Internet

Verkaufen entspricht meiner Vision, Erfolgschancen auf ein Maximum zu steigern, indem ich andere Menschen mit meiner positiven Einstellung motiviere. Es war sicher eine Frage der Intuition, meine Karriere erst in der Elektronik- und dann in der Mikroelektronikbranche anzustreben. Letzten Endes spielt es jedoch keine Rolle, in welcher Branche man als Verkäufer tätig ist. Das Interessante am Beruf des Verkäufers ist nicht in erster Linie die Ware, die ich verkaufe, sondern es sind die Menschen, denen ich begegne. Daran ändert auch der Verkauf über das Medium Internet nichts.

Der globale Internethandel bedeutet für mich nur, daß ich noch mehr unterwegs bin als früher. Ganz einfach, weil ich den Kunden, mit denen ich durch ein gemeinsames Geschäft verbunden bin, wenigstens ab und an in die Augen sehen und ihnen die Hand schütteln will. Das Internet ersetzt nicht den persönlichen Handschlag mit dem Kunden!

Sie sind doch auch mit Leib und Seele Verkäufer und wissen deshalb: Ein Verkäufer beherrscht die Kunst zu erkennen, was der Kunde denkt, was der Kunde will und was er braucht, und darauf stellt er seine Verkaufsstrategie ein. Als Verkäufer schätzen Sie die Emotionen des Menschen, der Ihnen als Kunde gegenübersitzt, richtig ein, und Sie bedienen diesen Menschen so ehrlich und fachlich korrekt, daß er sich beim Abschluß des ersten Kaufvertrags bereits auf die nächste Begegnung mit Ihnen freut. Das ist es doch, was über alle unterschiedlichen Branchen hinweg die Freude am Verkaufen ausmacht und das Lebensgefühl eines Verkäufers steigert!

## Liebe deinen Kunden wie dich selbst

Verwundert es Sie ein wenig, daß ich diesen leicht abgewandelten Kernsatz aus dem Neuen Testament als Überschrift ausgewählt habe? Sie werden mir von der Aussage her doch sicher recht geben, denn Verkaufen erfordert vor aller notwendigen Fachkenntnis ehrliche Zuneigung zu Menschen. Verkäufer, die ihren Kunden keine Sympathie entgegenbringen, kommen immer unter Preisdruck!

Ja, ein Vollblutverkäufer liebt seine Kunden! Durchschnittliche Verkäufer sehen sich einzig und allein als Vermittler zwischen dem Angebot des Produzenten und dem Bedarf des Kunden. Kaufen und Verkaufen ist aber in erster Linie eine Frage der Emotionen, die zwischen dem Käufer und dem Verkäufer entstehen. Sie werden mir sicher zustimmen, wenn ich sage: Verkaufen ist eine Frage der Persönlichkeit, der Bildung, der Herzensbildung und natürlich der Lebenserfahrung.

Deshalb bedeutet für mich – und ich hoffe, auch für Sie – das Ziel, ein Spitzenverkäufer zu werden, eine lebenslange Dynamik und geistige Entwicklung. Sie werden sich immer wieder fragen, wie Sie Ihre eigene „Marktposition“ verändern und verbessern können, wie Sie sich einen Namen schaffen und den Glanz Ihres Namens immer stärker zum Leuchten bringen können. Glauben Sie fest daran, daß es Ihnen gelingt – wenn Sie ständig an Ihrer Persönlichkeit arbeiten, damit Erfolge erzielen und dadurch an Mut und Selbstvertrauen gewinnen.

Ich habe vor allem in den Jahren seit der Gründung der ce unendlich viel dazugelernt, weil ich als Verkäufer immer besser werden und die Marktchancen meines Unternehmens ausweiten wollte. Als ich meinen Kampf gegen die Fehleinschätzung der Mikrochips durch die Spitzen der deutschen Industrie aufnahm, lernte ich viel über den Umgang mit den Medien. Ich lernte vor Mikrophonen, Fernsehkameras und großen Zuhörerschaften zu sprechen. Das verstärkte natürlich meinen Namen bei den Kunden. Und es führte mich schrittweise dazu, daß ich heute in meinen Seminar- und Vortragsveranstaltungen ohne Lampenfieber vor Tausenden von Menschen sprechen kann. Diese Erfahrung schenkt mir eine ungeheure Energie, die ich wiederum in meine Verkaufsgespräche einbringen und an meine Mannschaft weitergeben kann. Die Energie des Verkaufens und die Energie, die man durch Verkaufen gewinnt, sind grenzenlos!

## Stärken Sie Ihre Persönlichkeit

Stellen Sie sich mal ganz ehrlich die Frage, wo Sie heute als Persönlichkeit stehen. Die Antwort darauf bekommen Sie ganz klar und deutlich, wenn Sie überlegen, wer in den Unternehmen, mit denen Sie verhandeln, Ihre Gesprächspartner sind und wen Sie sich als Ansprechpartner suchen. Sind Sie bereits die Verkäuferpersönlichkeit, die mit dem Unternehmenschef sprechen möchte und auch tatsächlich einen Termin bekommt, oder verhandeln Sie lieber mit dem Sachbearbeiter in der Einkaufsabteilung? Das ist weiß Gott keine Abwertung des Sachbearbeiters, der unter Umständen vom fachlichen her der viel kompetentere Gesprächspartner ist. Vielleicht ist der Sachbearbeiter von heute der Chef von morgen. Es ist nur eine Frage Ihrer eigenen Selbsteinschätzung, mit wem Sie verhandeln.

Wenn Sie mit den Spitzen der Hierarchie verhandeln, benötigen Sie etliche Jahre aktiv gestalteter Lebens- und Verkaufserfahrung, Mut, Selbstvertrauen, Präsenz – und ganz einfach eine überzeugende Persönlichkeit, deren äußeres Auftreten von Ihrer inneren Stärke getragen wird. Ja, wenn Sie diese Liga erreicht haben, werden Sie in der Lage sein, sich reich zu verkaufen.

Das hat einen ganz logischen Grund. Je höher Sie in der Hierarchie eines Unternehmens mit Ihren Verkaufsgesprächen ansetzen können, um so höher sind in der Regel die Summen, über die verhandelt wird. Je höher oben Sie aber ansetzen wollen, um so genauer und enger ist die Auswahl der Menschen, die zu einem Gespräch vorgelassen werden. Und darüber entscheidet nun mal das Auftreten, also die Persönlichkeit. Also gehen Sie zielbewußt und unaufhörlich an die Entwicklung Ihrer Persönlichkeit.

## Top-Verkäufer sind detailbesessen

Viele Verkäufer wären zutiefst erschreckt von der Vorstellung, einen Gesprächstermin beim Vorstandsvorsitzenden eines Weltkonzerns wahrnehmen zu müssen. Ich freue mich jedes Mal darauf, eine derartige Herausforderung anzunehmen. Ich bereite mich allerdings bis ins letzte Detail auf ein derartiges Gespräch vor und stelle mir den Ablauf dieser Begegnung in allen sachlichen Einzelheiten und natürlich auch in seinen Emotionen vor.

Überhaupt ist der Top-Verkäufer ein Meister des Details. Er überblickt nicht nur alle Einzelheiten des Produkts oder der Dienstleistung, die er verkaufen will. Er ahnt auch die Details, die zu Schwierigkeiten beim Gespräch mit dem Kunden führen könnten, und stellt sich geistig darauf ein. Und vor allem entnimmt er den Details im Verhalten seines Kunden, an welchem Punkt im Ablauf des Verkaufsgesprächs er sich befindet.

Ein Top-Verkäufer weiß, daß er nur mit dieser Detailbesessenheit die großen Linien eines Verkaufsgesprächs kreativ vorbereiten und gestalten kann. Detailbesessenheit erfordert Disziplin, Lernbereitschaft, Ausdauer, harte Arbeit und Ehrlichkeit.

Ja, ich werde Ihnen in meinem Buch gerne eine Reihe von Hinweisen geben, wie Sie Ihre Verkaufsgespräche noch erfolgreicher gestalten können, um sich letzten Endes so reich zu verkaufen, wie Sie es sich heute möglicherweise noch gar nicht vorstellen können. Dennoch werde ich immer wieder bei den Kernfragen des Verkaufens landen, und die lauten nun mal: „Wie ist meine Einstellung zum Beruf des Verkaufens? Wie ist meine Einstellung zu meinen Kunden?“ Und natürlich: „Wie ist meine Einstellung zu mir selbst?“ Und versäumen Sie nie, sich zu fragen: „Wie ist meine Einstellung zum Erfolg?“

Dabei spielen viele Themen, die ich in meinen Büchern „Lebe ehrlich – werde reich!“, „Du schaffst, was du willst!“ und „365 x Motivation mit Erich J. Lejeune“ besprochen habe, eine ganz wesentliche Rolle auf Ihrem Weg zum Top-Verkäufer.

## Eine unverzichtbare Richtschnur

Einen Grundsatz möchte ich Ihnen für diese großartige Zukunft noch mitgeben. Ich habe ihn aus meinem Scheitern an der Unehrlichkeit meines ehemals großen Vorbilds gezogen: Ich habe bis auf den heutigen Tag alle meine Erfolge auf absoluter Ehrlichkeit aufgebaut. Das gab und gibt mir eine unglaubliche Freiheit und erfüllt mich mit tiefer Befriedigung. Ehrlichkeit ist unabdingbar für dauerhaften Erfolg!

Mein Motto „Lebe ehrlich – werde reich!" habe ich auch meinem ersten Motivationsbuch als Titel gegeben, und ich bin sehr stolz, daß dieses Buch mittlerweile nicht nur in den deutschsprachigen Ländern zu einem Leitfaden für Erfolg geworden ist. „Lebe ehrlich – werde reich!" tritt einen globalen Siegeszug an: Neben einer Reihe von Ausgaben in unseren Nachbarländern erscheint es in Rußland, in China und in Korea. Lebe ehrlich – werde reich! Das ist ein weltweiter Wunsch und ein weltweites Ziel, und deshalb will ich Ihnen dieses Motto auf Ihren Weg zum Erfolg mitgeben, denn es ist meine feste Überzeugung, daß man nur mit diesem Grundsatz im Herzen zum absoluten Top-Verkäufer und zum Erfolg aufsteigen kann.

Unlautere Tricks und Täuschung führen bestenfalls zu einmaligen und meist miesen Geschäften. Für den Verkäufer der Zukunft, der sich in den Managementetagen global operierender Unternehmen bewegt, ist dauerhafter Erfolg immer auch eine Frage der Ehrlichkeit. Ehrlichkeit stärkt die dauerhafte Kommunikation und damit Ihre Zukunft!

## Reich durch Ideen und Informationen

In der ganzen Geschichte der Menschheit waren immer diejenigen am reichsten, die Handel trieben. Sie waren so auch in der Lage, der kulturellen und zivilisatorischen Entwicklung ihrer Mitmenschen entscheidende Impulse zu geben: die Babylonier, die Phönizier, die Griechen, nicht zu vergessen die jüdischen Kaufleute, die, wie schon in der Bibel nachzulesen ist, im ganzen Vorderen Orient Handel trieben. Sie verkörpern für mich auch heute noch im besten Sinne den wahren Handelsgeist. Ihr Ideenreichtum, ihr Einfühlungsvermögen und ihre Fairneß sind beispielhaft, und ich freue mich, sagen zu können, daß viele meiner erfolgreichen jüdischen Geschäftspartner, mit denen ich in den vergangenen 23 Jahren zu tun hatte, zu meinen Freunden zählen. Sie waren und sind große Lehrmeister für Fairneß und Ethik des Verkaufens!

Letzten Endes wurden und werden nicht diejenigen reich, die gewaltsam Städte, Länder und Kontinente erobern, sondern diejenigen, die auf friedliche, aber nicht weniger unternehmungsfreudige und mutige Weise Handel treiben – wie die Fugger und Welser, die bis heute ein Inbegriff an Reichtum und Erfolg geblieben sind.

Ihr Reichtum beruhte neben ihrem Mut und ihrer Entschlossenheit vor allem auf einer Vielzahl von Informationen, die sie sich durch ihre Kontakte in allen Ländern und auf allen Kontinenten vor allen anderen beschaffen konnten. Das machte sie zu wichtigen Gesprächspartnern der Mächtigen. Auch daran hat sich bis heute nichts geändert. Verkäufer sind nach wie vor für ihre Kunden lebenswichtige Informationsanbieter. Nur ihre Informationswege sind andere geworden.

Dennoch gilt nach wie vor: Gehe nie zu deinem Kunden, wenn du keine neuen Informationen mitbringen kannst. Ja, ein Top-Verkäufer verfügt immer über Top-Informationen! Und natürlich über eine Top-Motivation!

## Jeder Erfolg beruht auf Verkaufen

Letzten Endes sind nur diejenigen Menschen erfolgreich, die sich selbst und ihre Leistung erfolgreich verkaufen. Das gilt weiß Gott nicht nur für Verkäufer. Das gilt für alle Sparten und Berufe, egal ob Handwerksmeister oder Universitätsprofessor, ob Künstler oder Jungunternehmer, ob Pfarrer oder Fußballtrainer. Das gilt für die drei berühmten Tenöre Careras, Domingo und Pavarotti genauso, wie es für einen Herbert von Karajan gegolten hat. Er war vermutlich der erfolgreichste „Verkäufer" der Musikgeschichte. Er hatte die ebenso einfache wie für seine Zeit revolutionäre Idee, sämtliche Rechte an seinen Einspielungen an Akio Morita und seinen aufstrebenden japanischen Konzern Sony zu verkaufen. Und er machte damit nicht nur sich, sondern auch „seine" Berliner Philharmoniker reich!

Vergleichen Sie dagegen das armselige Leben eines großen Genies wie Vincent van Gogh, der während seines ganzen Lebens nicht ein einziges Bild verkaufen konnte, mit dem eines anderen genialen Malers, Pablo Picasso. Er war ein grandioser Verkäufer seiner Kunst und seiner Ideen. Er konnte sich den herrlichen Ausspruch leisten: „Ich lebe gerne einfach mit viel Geld!" Ich darf ergänzen: Ich lebe gerne einfach mit viel Erfolg!

## Verkäufer denken immer marktorientiert

Sicher haben Sie auch in Ihrer nächsten Umgebung die Erfahrung gewonnen, daß es nicht einer alles überragenden Genialität bedarf, um erfolgreich zu sein und reich zu werden. Erfolg ist, und ich komme immer wieder darauf zurück, eine Frage der Einstellung. Erfolgreich sind letzten Endes nur diejenigen, die ihre Ideen und Leistungen meistbietend an den Mann bringen, der sie auch tatsächlich verwerten kann.

Nur wer weiß, wie er sich, sein Wissen und Können, seine Ideen, Produkte und Dienstleistungen am besten „verkaufen" kann, wird daraus den größtmöglichen Nutzen und Reichtum ziehen. Er wird überdurchschnittlich entlohnt. Leider ist auch das Gegenteil richtig. Wer glaubt, daß sein Wissen und Können so überragend sind, daß sie sich von selbst durchsetzen werden, muß sich in der Regel mit den hintersten Plätzen begnügen. Ihm fällt bestenfalls die Rolle des verkannten Genies zu. Wie zum Beispiel der deutsche Mechaniker Heinrich Goebel, der 30 Jahre vor Edison eine elektrische Glühbirne erfunden hatte. Er begnügte sich damit, mit dieser bahnbrechenden Erfindung seine eigene Werkstatt zu beleuchten.

Edison dagegen hatte schon immer marktorientiert gedacht. Mit 13 Jahren war er der erste Zeitungsverkäufer der Welt, der sich auf Bahnhöfe und Eisenbahnzüge spezialisierte! Und auch später gab er den Leuten in seinem Forschungslabor nicht ein vages Wunschziel vor: „Es wäre schön, wenn es uns gelänge, das elektrische Licht zu erfinden!" Er sagte ganz präzise: „Wir müssen in Manhattan elektrisches Licht zum Preis von Gaslicht anbieten!" Diese präzise Zielvorgabe machte seinen Erfolg aus.

Denken Sie bitte an diesen alles entscheidenden Unterschied, wenn Sie sich Umsatzziele oder auch Lebensziele setzen!

## Wie groß kann ich einmal werden?

Kennen Sie die Kraft des unumkehrbaren Entschlusses? Ja? Dann wissen Sie auch, daß das eine der wesentlichen Triebkräfte für Erfolg ist. Viele Menschen kennen diese Entschlußfreude nur bei der Urlaubsplanung. Sie beschließen: „Nächstes Jahr fliege ich nach Bali!" Dann gehen sie ins Reisebüro und buchen, denn sie wissen ganz genau, mit dem vagen Ausspruch „Schauen wir mal!" kommen sie nie dorthin!

Ich habe diese Kraft des unumkehrbaren Entschlusses in meinem Leben häufig erfahren. Ich habe bei der Gründung von ce nicht gesagt: „Es wäre ganz schön, wenn ich damit einigermaßen über die Runden käme!" Diese vage Absichtserklärung hätte mir sicher nicht die nötige Motivation, Kraft und Ausdauer verliehen. Nein, ich habe gesagt: „Ich werde mit dieser verrückten Idee die Nummer eins im europäischen Chip-Brokering!" Für die Verwirklichung dieses Entschlusses und dieser Vision habe ich gedacht, geplant und gearbeitet – Tag und Nacht! Und damit bin ich noch lange nicht fertig!

Sobald Sie ernsthaft den Entschluß gefaßt haben, in Ihrem Beruf tatsächlich die Nummer eins zu werden, für dieses Ziel tagtäglich besser zu werden und als Persönlichkeit Ihr großes Potential an Fähigkeiten immer weiter auszuschöpfen, werden Sie von diesem Drang nie wieder loskommen. Denn je mehr Sie wissen, um so mehr werden Sie erkennen, was Sie noch alles lernen müssen. Je mehr Sie als Persönlichkeit wachsen, um so größer wird der Horizont, auf den Sie sich zubewegen wollen, und um so höher werden die Gipfel, die Sie noch besteigen wollen. Sie wissen doch: Wir leben zwar alle unter demselben Himmel, haben aber alle einen unterschiedlichen Horizont!

Wichtig ist für Sie, daß Sie nicht müde werden, Ihren Geist in Spannung zu halten, indem Sie ihm immer neue

Ziele vorgeben und täglich Ihre Motivation für Bestleistungen erneuern.

Top-Verkäufer ist die Stufe, die Sie beschreiten werden, wenn Sie schon vieles von dem erreicht haben, womit andere Menschen bereits sehr zufrieden sind. Als Top-Verkäufer werden Sie auch nicht müde werden, sich immer wieder neue Ziele suchen, als Persönlichkeit wachsen und Ihr Potential immer besser ausschöpfen. Das Erfolgsprogramm, mit dem Sie sich reich verkaufen können, nimmt in Ihrem Leben kein Ende.

## Verkaufen Sie sich reich!

### Meine Leitsätze für den Top-Verkäufer

1. Die Aufstiegsmöglichkeiten für einen hochmotivierten und zielbewußten Verkäufer sind unbegrenzt.
2. Das wichtigste Investitionskapital für einen Verkäufer ist der Geist und sind die Ideen, die er mit Mut und Entschlossenheit umsetzt.
3. Die wichtigste Voraussetzung für einen überragenden Erfolg als Verkäufer ist die Begeisterung. Begeisterung ist ansteckend. Sie schafft den direkten Zugang zum Kunden.
4. Der Verkäufer braucht ein weitgespanntes Beziehungsgeflecht an Kontakten, das er ständig ausbaut. Er ist ein Meister der Kommunikation. Sein Grundsatz lautet: Liebe deinen Kunden wie dich selbst!

5. Die neuesten Informationen zu besitzen, mit denen er zur Lösung von Kundenproblemen beitragen kann, ist für einen begeisterten Verkäufer eine Selbstverständlichkeit.
6. Erfolgreich Verkaufen erfordert dasselbe Maß an professioneller Ausbildung und Hingabe, wie es ein Arzt, ein Rechtsanwalt, ein Architekt oder ein Ingenieur benötigt.
7. Verkaufen ist eine Frage der Persönlichkeit. Wer seine Erfolge als Verkäufer steigern will, muß in erster Linie an seiner Persönlichkeit arbeiten.
8. Der Verkäufer hat ein unbeirrbares Erfolgsbewußtsein. Er akzeptiert ein Nein so lange nicht, bis er nicht alles an Ideen, an Mut und Entschlossenheit eingebracht hat, um es in ein Ja zu verwandeln.
9. Wer verkauft, muß immer ein Lächeln auf der Seele und im Gesicht haben und dieses Lächeln natürlich seinem Kunden zeigen.
10. Ein Top-Verkäufer wird nicht müde, seinen Geist in Spannung zu halten, sich immer neue Ziele vorzugeben und täglich seine Motivation für Bestleistungen zu erneuern.

# Verkaufen – eine Frage der Motivation und Begeisterung

Erinnern Sie sich an Ihre größten Verkaufserfolge? An den größten Auftrag, den Sie jemals hereingeholt haben? Ich kann mir sehr gut vorstellen, was das für ein wunderbares Gefühl der Begeisterung und der Motivation für Ihre Arbeit war, als Sie endlich die Unterschrift dieses äußerst wichtigen Kunden für den Auftrag entgegennehmen konnten! Diese Begeisterung hat Sie förmlich über die Hürden der nächsten Kundengespräche hinweggetragen und Sie ahnen lassen, daß Sie in Ihrem Beruf als Verkäufer einer der ganz Großen werden können.

Ich bin mir sicher, daß Sie aufgrund der Erfahrung dieses Erfolgs eines ganz fest in Ihrem Bewußtsein verankert haben: daß jeder große Erfolg im Verkauf das Ergebnis starker Motivation und einer geradezu flammenden Begeisterung ist. Ich selbst spüre diese Begeisterung, die Erfolg im Verkauf bringt, und die Begeisterung, die er zu seiner Umsetzung benötigt, ganz tief in mir. Die Begeisterung für Erfolg und durch Erfolg sind untrennbar miteinander verknüpft. Man muß erst die Begeisterung für Erfolg ganz stark in sich zum Lodern bringen, ehe man die Begeisterung durch Erfolg erleben kann.

Das ist der Grund, warum ich meine Begeisterung für Erfolg im Verkauf durch dieses Buch als nie mehr erlöschende Flamme auf Sie übertragen möchte. Ja, ich möchte Sie mit meiner Begeisterung für Erfolg, mit meinem Erfolgsbewußtsein, mit meinem „Erfolgsvirus" infizieren, weil ich aus eigener Erfahrung weiß, daß diese höchste Form der Motivation für unseren Beruf und für das Erreichen großer Ziele absolut ausschlaggebend ist. Diese Begeisterung wird nicht nur einen unvorstellbaren Einfluß auf Ihre beruflichen Erfolge haben. Sie wird auch

Ihr Privatleben grundlegend verändern und Sie zu einem Lebensziel tragen, das Sie heute vielleicht noch nicht einmal ahnen können. Bitte, glauben Sie mir!

## Begeistern Sie sich für Ihr Leben!

Sobald Sie nämlich anfangen, sich für ein erfolgreiches Leben als Top-Verkäufer zu begeistern, rückt die Verwirklichung Ihrer Träume in greifbare Nähe. Ich habe diese „Verwandlung durch Begeisterung" so oft an mir selbst erlebt, und ich erlebe sie immer wieder an jungen Verkäufern, die in unser Unternehmen kommen. Urplötzlich spüren sie ein ungeheure Energie in sich und brennen förmlich darauf, Aufgaben anzupacken, die sie sich wenige Wochen vorher noch nicht zugetraut hätten. Wo sie vorher auf Erfolg wie auf einen glücklichen Zufall gewartet oder auch verbissen darum gekämpft haben, spüren sie, wie Kunden mit Aufträgen auf sie zukommen. Denn mit dieser unglaublichen Energie der Begeisterung – und Motivation ist nichts anderes als konstante Begeisterung für echten Erfolg – haben sie ganz einfach Erfolg. Beinahe wie von selbst wachsen dann durch diese Erfolge die Ziele, die sie in ihrem Leben erreichen wollen, denn Begeisterung ist der stärkste Treibstoff für Erfolg!

Ich gehe davon aus, daß auch Sie in Ihrem Innersten einen großen Entwurf für Ihr Leben tragen, denn sonst hätten Sie vermutlich nicht zu diesem Buch gegriffen. Sicher wünschen Sie sich genauso sehnlich wie ich zu Beginn meiner Karriere, daß Sie diesen Lebensentwurf eines Tages verwirklichen werden. Ich bin überzeugt, daß der tiefe Sinn Ihres, meines und unser aller Daseins ist, die in uns angelegten Fähigkeiten und Möglichkeiten in greifbare Wirklichkeit zu verwandeln. Jeder von uns verfügt über ein beinahe unerschöpfliches Potential an Fähigkeiten und damit an Entwicklungsmöglichkeiten, die er durch die Arbeit an einem großen Lebensziel aus sich herausholen kann.

Haben Sie nicht schon mehrere Anläufe genommen, um Ihrem Ziel, ein Top-Verkäufer zu werden, näher zu kommen? Wo lagen die Schwierigkeiten bei der Verwirklichung? Ist es möglich, daß die Routine des Alltags Ihre anfängliche Begeisterung immer wieder hat erlahmen lassen? Oder zweifeln Sie insgeheim daran, daß Sie das Ziel, ein Top-Verkäufer zu werden, jemals erreichen können?

Ich weiß, daß Sie diese lähmenden Blockaden und vor allem Ihre Zweifel im Laufe der Zeit überwinden können, wenn Sie meinen wichtigsten Rat befolgen: Wecken Sie in sich täglich die Begeisterung für Ihren Erfolg, denn Begeisterung ist die Triebfeder jedes denkbaren Erfolgs. Begeisterung für Erfolg war und ist auch bei mir immer noch das A und O meiner tatsächlichen Erfolge. Ich lasse ein anderes Lebensgefühl einfach nicht aufkommen. Ja, Begeisterung versetzt Sie in den VIP-Status Ihres Lebens.

## Wie das Gegenteil von Erfolg entsteht

Sie wissen sicher so gut wie ich, wie das Gegenteil von Erfolg entsteht, wie ein Leben immer mehr in Mißerfolg, in Sorgen und Nöte verstrickt wird. Ja, ich möchte Sie mit folgendem Negativbeispiel motivieren, keinen Tag länger zu warten und sich eindeutig für Erfolg in Ihrem Leben zu entscheiden. Halten Sie sich also einfach mal den durchschnittlichen Tagesablauf von Herrn Gurke vor Augen. Wie sieht der aus?

Herr Gurke ist seit einigen Jahren Vertriebsmitarbeiter eines größeren Unternehmens. Er ist mit sich, mit seiner Arbeit und natürlich auch mit seinem Einkommen unzufrieden. Laut Statistik hat Herr Gurke, wie 70 Prozent aller Angestellten, innerlich bereits gekündigt. Dennoch nimmt er sich heute vor, seinen Kunden, Herrn Nieda, anzurufen. Während er wählt, denkt er schon: „Den erreiche ich sicher doch wieder nicht!“ Und tatsächlich, Herr Nieda ist in einer Besprechung. Seine Sekretärin, Frau Nieweiß, meint, daß er vielleicht in einer halben Stunde wieder an seinem Platz sei. Herr Gurke verbringt diese halbe Stunde mehr oder weniger ziellos, obwohl er insgeheim bereits damit rechnet, daß auch dieser zweite Anruf kein besseres Ergebnis bringen wird. Ja, seine Intuition für das Negative hat Herrn Gurke nicht getäuscht. Herr Nieda ist auch beim zweiten Anruf nicht zu erreichen. Da verschiebt Herr Gurke diesen Anruf mitsamt der Hoffnung auf einen Auftrag einfach auf den nächsten Tag mit einer Option auf die nächste Woche. Niederlage Nr. 1!

Enttäuscht, aber angestrengt blättert Herr Gurke daraufhin in seiner Adressenkartei und stößt auf den Namen von Dr. Seltner, einem Kunden, von dem er auch schon lange keinen Auftrag mehr erhalten hat. Er ruft ihn an. Dr. Seltner ist tatsächlich am Apparat. Aber weil Herr Gurke diesen Anruf „spontan“ getätigt hat, ist er schlecht vorbereitet, hat die neuesten Zahlen nicht parat und vergißt völlig zu erwähnen, daß seine Firma vor einiger Zeit bei dem Produkt, das Dr. Seltner früher mal gekauft hat, ein paar entscheidende Verbesserungen durchgeführt hat. Dr. Seltner verspricht, gelegentlich zurückzurufen, und bricht das Gespräch ziemlich abrupt ab. Niederlage Nr. 2.

Nun entschließt sich Herr Gurke, seine Aktivitäten nach draußen zu verlagern, und besucht Herrn Baldauf, einen Kunden, der sein Büro in der Nähe hat. Der ist zwar anwesend, hört aber nur widerstrebend zu, weil dieser unangemeldete Besuch nicht in seinen Terminplan paßt. Das Ergebnis ist, wie zu erwarten, negativ. Niederlage Nr. 3.

So reiht Herr Gurke an diesem Tag wie schon an den vorhergehenden eine Niederlage an die andere. Nach so vielen vergeblichen Anstrengungen ist Herr Gurke am Abend derartig frustriert, daß er nicht sofort nach Hause fährt, sondern sich in seiner Stammkneipe erst noch ein Bier genehmigt. Dort trifft er einige Gleichgesinnte, lamentiert mit ihnen über die Ungerechtigkeit der Welt im allgemeinen und über die Borniertheit seines Verkaufsleiters im besonderen. Aus dem einen Bier, das er sich „eigentlich" genehmigen wollte, werden fünf, und als er endlich nach Hause kommt, ist das Abendessen kalt und seine Frau sauer. Es gibt Streit, der sich am nächsten Morgen beim Frühstück fortsetzt, da sich seine Frau ein neues Kleid kaufen möchte und Herr Gurke dafür leider wieder mal kein Geld hat. So beginnt auch dieser Tag mit einer Niederlage, die sich natürlich auf die Motivation des Herrn Gurke sehr negativ auswirkt. Ein neuer Kreislauf der Demotivation und der schlechten Laune beginnt. Die Kollegen machen allmählich einen Bogen um Herrn Gurke, denn schlechte Laune ist ansteckender als die Hongkong-Grippe!

Herr Gurke wird, wie viele Menschen, zu einem gewohnheitsmäßigen Verlierer, weil er keine Ziele hat und sich täglich an den Niederlagen von gestern orientiert, weil er Erfolge für Zufall und deshalb nicht für planbar hält und weil er nicht ahnt, daß sich nach dem Gesetz des inneren Wachstums auch die Niederlagen verstärken, wenn man ihnen nicht mit Motivation und Begeisterung entgegentritt. Er macht sich nicht klar, daß negatives Denken jedes zielstrebige Handeln lähmt. So ist es wahrscheinlich auch wieder nur auf die Statistik zurückzuführen, daß selbst Herr Gurke gelegentlich den ein oder anderen Abschluß zustande bringt, der aber zu seiner großen Enttäuschung von niemandem gebührend gewürdigt wird. Im Gegenteil, immer häufiger kommt ihm zu Ohren, daß ihn seine Kollegen hinter vorgehaltener Hand als „Herrn Sauergurke" bezeichnen.

# Woran Verkäufer scheitern

Kommt Ihnen diese kleine, nicht ganz frei erfundene Geschichte bekannt vor? Ich denke, wir alle, die wir mit Verkauf zu tun haben oder im Verkauf tätig sind, kennen eine ganze Reihe von Verkäufern, deren beruflicher Alltag, ja, deren ganzes Leben eine endlose Aneinanderreihung von Mißerfolgen und Rückschlägen auf der Abwärtsspirale der Demotivation zu sein scheint. Sicher gibt es in allen Berufen und auf allen Hierarchieebenen Menschen, die lange Phasen des Mißerfolgs erleben und sich davon nicht wieder erholen.

Der Unterschied ist nur, daß in keinem anderen Beruf Erfolg und Mißerfolg so unmittelbar von der Motivation und Begeisterung abhängig – und meßbar – sind wie in dem des Verkäufers. Das hängt mit verschiedenen Faktoren zusammen. Der wichtigste ist der, daß die Produkte und auch die Dienstleistungen, die ein Verkäufer anzubieten hat, immer ähnlicher werden. Das bedeutet, daß der Wettbewerb zunimmt und der Verkaufserfolg immer stärker von der Persönlichkeit des Verkäufers und von dessen Motivation abhängig wird.

Dieser Umstand tritt auch in den jährlich wiederholten Erhebungen zum Thema Verkauf deutlich zutage. Auf die Frage „Warum scheitern Verkäufer?“ stehen bei den Antworten der Verkaufsleiter an erster Stelle: mangelnde Initiative, zuwenig Enthusiasmus, das Fehlen persönlicher Ziele, schlechter Umgang mit Kunden, mangelnde Kundenorientierung! Diese Punkte liegen in allen Antworten weit vor unzureichendem Produktwissen, schlechter Planung und Organisation oder ungeeignetem Training! Wobei schlechte Planung und Organisation praktisch eine Begleiterscheinung von mangelnder Motivation sind.

Um den positiven Schluß daraus zu ziehen: Motivation und Begeisterungsfähigkeit geben vor allen anderen Kriterien den Ausschlag für den Erfolg im Verkauf.

## Tanken Sie den Treibstoff Motivation für Ihre Karriere

Nehmen Sie diese Umfrageergebnisse als einen wichtigen Hinweis für Ihre Karriereplanung im Verkauf! Denn Verkauf ist in erster Linie eine Frage der Persönlichkeit. Und Persönlichkeit entsteht und wirkt durch Motivation, durch Begeisterungsfähigkeit, durch Engagement und echtes Interesse für den Beruf. Begeisterungsfähigkeit schließt Identifizierung sowohl mit dem Angebot als auch mit dem Unternehmen, für das man arbeitet, und mit dem Kunden ein. Mit Begeisterung kann ein guter Verkäufer selbst durchschnittliche Produkte noch überdurchschnittlich erfolgreich verkaufen. Aber wie wir alle wissen, kann man ohne Begeisterung, ohne Engagement und ohne Identifikation selbst sehr gute Produkte nicht erfolgreich verkaufen. Erfolg und Mißerfolg im Verkauf sind also letzten Endes immer eine Frage der inneren Einstellung.

Ich habe mir einen philosophischen Grundsatz zu eigen gemacht und ihn ganz fest in mein Denken und vor allem in mein Handeln integriert. Er wurde vor beinahe 2000 Jahren von Mark Aurel, dem Philosophen auf dem römischen Kaiserthron, formuliert und lautet: „Das Leben eines Menschen ist das, was seine Gedanken daraus machen!" Klingt einleuchtend, oder nicht? Diesen Satz sollten auch Sie als einen Wegweiser für Eigenverantwortung in Ihr Denken übernehmen. Für 95 Prozent der Menschen steht diese „lebensentscheidende" Erkenntnis allerdings in krassem Widerspruch zu der tiefverwurzelten Auffassung, daß ihr Leben hauptsächlich von anderen bestimmt wird. Wie sieht es da bei Ihnen aus?

## Das Spiel von Glück und Zufall

Ja, hören Sie sich unter Kollegen oder auch in Ihrem Bekanntenkreis um, und Sie werden feststellen, daß die meisten Menschen auf die Frage „Was bestimmt Ihr Leben?" antworten: „Ein Mangel an günstigen Gelegenheiten. Ein Übermaß an verpaßten Gelegenheiten. Und die Tatsache, daß Glück ausschließlich die anderen haben!" Hinzu kommt die weitverbreitete Ansicht, daß Erfolg und Reichtum das Ergebnis von Glück und Zufall sind.

Die logische Konsequenz daraus lautet: Wenn es mir schlecht geht, sind immer die anderen schuld! Der Chef, der einen nicht mag, die Kollegen, die einen nicht hochkommen lassen, die Kunden, die einem mit Mißtrauen begegnen, bis hin zu den Eltern, die einem schlechte Startchancen mitgegeben haben, dem Ehepartner, den Freunden, die einen nicht genügend unterstützen.

Auf alle diese Faktoren wird dann die Schuld an den eigenen mißlichen Lebensumständen abgeschoben. Denn gerade im Verkauf, wo Erfolg und Mißerfolg so gnadenlos meßbar sind, suchen viele Menschen ihr Heil im unerschöpflichen Erfinden plausibel klingender Ausreden. „Ja, der Sowieso, der kann leicht strahlen. Der hat ja auch immer Erfolg, bei den Kunden, bei den Mädchen – überall ist der beliebt!" Es ist nur konsequent, wenn Menschen, die den Erfolg im Leben auf das Konto Glück und Zufall buchen, Ursache und Wirkung völlig in ihr Gegenteil verkehren.

# Begeisterung ist der Ursprung aller Tugenden

Entgegen diesen weitverbreiteten Erklärungsversuchen für Mißerfolg ist doch völlig offenkundig, daß nur diejenigen Verkäufer auf Dauer Erfolge erringen können, die sich für ihr Leben, für ihren Beruf und für Ihre Mitmenschen begeistern. Aus dieser Begeisterung wird der Fleiß genährt, der einen engagierten Verkäufer morgens eine Stunde früher mit seiner Arbeit beginnen und sie abends ein oder auch zwei Stunden später enden läßt.

Ich habe meine Erfolge mit ce nicht zuletzt dadurch errungen, daß ich von Anfang an zwei Stunden früher am Schreibtisch saß als meine Mitbewerber und abends mindestens zwei Stunden später nach Hause ging als sie. Diese zwei Stunden am Morgen gaben mir die Möglichkeit, mit meinen Kollegen in Japan noch kurz vor deren Arbeitsende zu telefonieren und Aufträge zu übermitteln, und am Abend dasselbe mit den Kollegen an der Westküste der USA zu erledigen. Dadurch konnte ich oft einen entscheidenden ganzen Tag gewinnen und manchen Bandstillstand in einem deutschen Fertigungsbetrieb verhindern oder beträchtlich abkürzen.

Motivation und Begeisterung sind auch der Treibstoff für die Ausdauer und die Beharrlichkeit, für die Erfolge zu kämpfen, die sich in Mißerfolge zu verwandeln drohen. Mit dieser Begeisterung kann ein engagierter Verkäufer sogar noch einen Kunden überzeugen, der sich innerlich vielleicht schon gegen ein Produkt oder eine Dienstleistung entschieden hat, weil er das Unternehmen nicht besonders schätzt, von dem dieses Angebot kommt.

## Wie Motivation und Begeisterung wirken

Motivation und Begeisterung beeinflussen unser Leben in vielfältiger und vielschichtiger Weise. In erster Linie wirken diese beiden Turbolader auf unser eigenes Wohlbefinden. Stellen Sie sich vor, wie ein Tag verläuft, den Sie am Morgen mit der Ermutigung beginnen: „Ja, ich freue mich auf diesen Tag! Ich werde Erfolg haben bei allen Aufgaben, die ich mir für diesen Tag gestellt habe!“ Glauben Sie mir, wenn Sie Ihren Arbeitstag mit diesem Erfolgsbewußtsein beginnen, werden viele Schwierigkeiten, von denen andere Menschen geplagt werden, in Ihrem Gesichtsfeld gar nicht auftauchen. Sie selbst werden sich einfach gut fühlen, und das strahlt wiederum auf Ihre Kunden aus und auf Sie zurück.

Außerdem wirken Motivation, Freude und Begeisterung wie ein Schutzschild nach außen. Ist Ihnen schon einmal aufgefallen, daß Verkäufer, die hoch motiviert für ihren Beruf und für ihr Unternehmen leben und begeistert von „ihren“ Produkten oder „ihren“ Dienstleistungen sprechen, die sie anzubieten haben, in aller Regel viel weniger Schwierigkeiten erleben als Verkäufer, die mehr oder weniger lustlos agieren?

Sie werden sicher mit Erfahrungen aus Ihrer eigenen Tätigkeit bestätigen können, daß auch komplizierte Verhandlungen am Ende zu reibungslosen Abschlüssen führen, wenn Sie als Verkäufer hoch motiviert waren.

Ein begeisterter Verkäufer identifiziert sich mit seiner Arbeit ganz allgemein, mit seinem Unternehmen und mit dessen Angeboten ganz speziell. Und er signalisiert selbst dem schwierigsten Kunden durch seine Motivation und Begeisterung, daß er alles daransetzen wird, um dessen Bedürfnissen gerecht zu werden und dessen Unternehmen Nutzen zu bringen. Vor allem wird er diese Erwartung nie enttäuschen! Denn ein Top-Verkäufer liebt seine Kunden!

# Jetzt geht's los!

Ein begeisterter Verkäufer ist nach außen ein Botschafter seines Unternehmens. Er ist zugleich das überzeugendste Marketingargument. Dazu möchte ich Ihnen eine Begegnung schildern, deren Anfang ich schon in meinem Buch „Lebe ehrlich – werde reich!“ und in vielen meiner Vorträge als Beispiel einer unglaublichen Motivation und Begeisterung erzählt habe. Diejenigen, die also diese Geschichte schon kennen, werden mit Vergnügen ihre Weiterentwicklung lesen.

Es war 6.30 Uhr und ich saß beim Frühstück in dem bekannten Münchner Hotel „Vier Jahreszeiten“. Im Gegensatz zur üblichen „Morgenstarre“, die sonst in diesen Frühstücksräumen herrscht, verlief dieser Morgen wie eine Pantomime der Begeisterung!

Der Frühstücksraum war gerade geöffnet worden, und schon lief hier ein freudestrahlender Frühstückskellner mit federnden Schritten durch die Tischreihen! Ja, dieser Hüne von einem Mann flog fast durch den Raum! Bei ihm gab es keine Sekunde Stillstand! Er schien ein Dutzend Arme und Hände zu haben, so schnell bediente er jeden der wartenden Gäste. Aus seinem schwarzen Gesicht blitzten seine weißen Zähne, wenn er die Neuankommenden mit seinem breiten Lachen förmlich anleuchtete und sie nach ihren Wünschen fragte. Seine sonore Stimme und seine umwerfend gute Stimmung erfüllten den ganzen Raum mit einer Heiterkeit, die alle in ihren Bann zog. Selbst die griegrämigsten Morgenmuffel überwanden sich zu einem Anflug von Lächeln, wenn ihnen dieser energiegeladene Meister des Service mit Schwung den Kaffee servierte!

Als er an meinen Tisch trat, fragte ich ihn ganz erwartungsvoll: „Wie kommt es, daß Sie um diese Tageszeit schon so gut aufgelegt sind?“ Da antwortete er mir: „Oh, ich liebe meine Arbeit! Und ich habe wieder einen wunderschönen Tag mit Arbeit vor mir!“ Dabei vermischte er sein herrlich weiches Südstaaten-Amerikanisch mit einem stark bayerisch gefärbten Deutsch. „Ja“, fuhr er fort, „i’ bin immer gut drauf! I’ spring’ um fünf Uhr aus meinem Bett!“ Und dann machte er eine kurze Pause und strahlte mich mit seinen großen, fröhlichen Augen an: „And now I want to tell you my secret! – Jeden Morgen ich stehe auf und sage: ‚Danke für diesen Tag!‘ Und dann streck’ ich die Arme aus – so – und sage ganz laut zu mir: ‚Jetzt geht’s los!‘“ Dabei breitete dieser Meister der Begeisterung seine Arme aus, als wollte er die ganze Welt umarmen!

## Begeisterung ist ansteckend

Ist das nicht eine wunderbare Art und Weise, seinen Tag zu beginnen? Probieren Sie aus, um wieviel erfolgreicher ein Tag verläuft, der mit einem solchen Feuerwerk an Motivation beginnt. Ganz anders, als wenn man sich nach den zu vielen Bieren vom Abend vorher mühsam aus dem Bett quält und widerwillig zu seinem ersten Kunden fährt. Ja, diesem Menschen bei seiner Arbeit zuzusehen war das reinste Vergnügen Er ist der beste Botschafter für positive Motivation in diesem Hotel! Er bedeutet für den Erfolg dieses Hauses viel mehr als 1000 Hochglanzprospekte! Allein ich habe schon mehrmals Freunde dorthin zum Frühstück eingeladen, um sie mit diesem Wunder an Lebensfreude und Begeisterung bekannt zu machen! Und alle waren begeistert!

Mittlerweile kenne ich auch den Namen dieses Motivationsexperten. Er heißt Andrew Miller. Wir haben mehrfach miteinander telefoniert, und er hat mir dabei immer wieder über den Fortschritt einer Tätigkeit berichtet, zu der ich ihn mit meinem ersten Gespräch angeregt habe. Andrew Miller hat einen Service gegründet, von dem er wirklich etwas versteht. Er ist Consultant für die Ausrichtung großer Bankette und Trainer für Bedienungspersonal! Für mich ist das die wunderbare Bestätigung, daß echte, gelebte Begeisterung ansteckend wirkt und Türen öffnet, von deren Existenz man gar nichts geahnt hat!

Ja, Motivation und Begeisterung wirken positiv in alle Richtungen – für den begeisterten Menschen selbst, für das Unternehmen, in dem er arbeitet, und diese Begeisterung wirkt auf den Kunden und ist damit die beste Werbung für das Unternehmen wie für den Verkäufer. Er bekommt Empfehlungen, die sich wiederum in seinem Umsatz niederschlagen! Das ist der positive Kreislauf nach oben, der durch die Begeisterung ausgelöst wird.

Und noch etwas kommt hinzu, was sowohl für dieses kleine Beispiel wie für große Transaktionen gilt: Ein Kunde, der begeistert bedient wurde, wird niemals Lappalien, die es möglicherweise zu beanstanden gibt, zu großen Reklamationen aufblähen!

## Schreiben Sie ein neues Programm für Ihr Denken

Darf ich Sie mal fragen: Haben Sie diesen Zusammenhang zwischen Ihrem Erfolg als Verkäufer und der Motivation und Begeisterung, zwischen der Lebensfreude und dem Optimismus, die Sie ausstrahlen, bereits in dieser Deutlichkeit gesehen? Wenn nicht, möchte ich Sie ganz dringend bitten, in den nächsten Wochen und Monaten so intensiv wie möglich darüber nachzudenken und täglich danach zu handeln, bis Ihnen dieser Zusammenhang eine absolute Selbstverständlichkeit ist.

Für Ihren Weg zum Top-Verkäufer gilt, was für alle Menschen von entscheidender Notwendigkeit ist, die ihr Leben in Richtung Erfolg verändern wollen: Ihr Denken braucht ständig ein neues Programm, wenn sich Ihre Lebensumstände entscheidend verbessern sollen! Denken Sie sich deshalb mit Phantasie, Kreativität, Disziplin und Begeisterung in ein neues Leben und in eine große Karriere hinein! Disziplin und Begeisterung sind ein hochaktiver Treibstoff für Ihren Weg in die Zukunft. Begeistern Sie sich für Erfolg und Reichtum, wenn Sie mit Ihrem gesunden Selbstvertrauen ans Ziel Ihrer Lebensträume gelangen wollen.

Begeistern Sie sich für ein großes Ziel. Entwerfen Sie in Gedanken eine Karriere, die Sie auf der Erfolgsleiter ganz nach oben bringt. Nehmen Sie sich ein Beispiel an dem Erfolg, den ich mit nicht nachlassender Begeisterung, mit Mut, Fleiß und Ausdauer vom Nullpunkt aus erringen konnte. Ich hatte mir, gemessen an meinen Startbedingungen, ein abenteuerlich großes Ziel gesetzt. Das hatte jedoch nichts mit Größenwahn oder Selbstüberschätzung zu tun, sondern mit der Art und Weise, wie unsere Phantasie und unsere Kreativität und nicht zuletzt unsere Begeisterungsfähigkeit auf unsere Ziele reagieren.

Wer seine Ziele so klein auswählt, daß er sie mit möglichst wenig Anstrengung erreicht, wird nach einigen Jahren betrübt feststellen müssen, daß er nicht einmal diese bescheidenen Ziele erreicht hat. Wie soll man sich auch für Ziele begeistern, von denen keinerlei Anregung für die Phantasie ausgeht? Es ist beinahe zwangsläufig, daß man diese „phantasielosen“ Ziele nicht erreicht. Was bleibt dann noch anderes übrig, als seine Ansprüche ständig herunterzuschrauben? Das kann Ihr Ziel nicht sein, oder?

Deshalb will ich Sie unter allen Umständen für meinen Grundsatz begeistern: Wirklich reich und unabhängig kann man nur durch Ziele werden, auf die man mit Begeisterung hinarbeitet – mit einem Lebensfeuer, das aus einem ehrlichen, ehrgeizigen und erfolgsbewußten Herzen strömt!

# Begeisterung – das Feuer Ihrer beruflichen Zukunft

Von dieser Begeisterung, von diesem Optimismus und dieser positiven Lebenseinstellung müssen Sie so durchdrungen sein, daß Sie in Ihrem Denken niemals hinter Ihre großen Ziele zurückfallen, sondern mit Mut und Entschlossenheit, mit Ausdauer, Fleiß und Disziplin so lange darum kämpfen, bis Sie Ihre Ziele erreicht haben.

Viele Menschen werden auch deshalb zu Verlierern, weil sie spätestens nach dem dritten Versuch aufgeben und enttäuscht feststellen: „Das geht nicht!“ Sie suchen sich dann die nächstbeste Ausrede und begnügen sich ein ganzes Leben lang mit faden Entschuldigungen wie: „Bei mir funktioniert das eben nicht.“, „Ich habe kein Glück.“, „Die anderen schaffen sowieso alles über Beziehungen, aber ich habe leider keine!“ ...

Sie erfahren auf diese Weise nie, daß ein Erfolg immer neue Erfolge mit sich bringt. Weil Erfolg nicht aus Zufall, sondern aus dem richtigen erfolgsbewußten Denken entsteht. Nehmen Sie nur das Beispiel von Walt Disney. Er hat außer den Klassikern der Comic Strips und des Zeichentrickfilms auch den weltgrößten Vergnügungspark ins Leben gerufen. Klingt ganz einfach – im nachhinein, oder? Der weltberühmte Erfinder der Mickey Mouse geht einfach hin und baut Disneyland. Zu Ihrer Aufmunterung – es war ganz anders!

## Begeisterung bis zur Besessenheit

Walt Disney führte nicht weniger als 350 Gespräche mit den unterschiedlichsten Banken, bis sich endlich eine bereit fand, diese „verrückte“ Idee zu finanzieren – mitten im Niemandsland, in einer Orangenplantage einen

Vergnügungspark zu bauen. Dorthin wollte Disney Menschen aus aller Welt locken. Unmöglich! Außerdem hatte Disney die total verrückte Idee, einen Vergnügungspark zu planen, in dem man einmal Eintritt bezahlte und sich dann den ganzen Tag über dort aufhielt. Schließlich war es allgemein üblich, in Vergnügungsparks jede Fahrt einzeln zu bezahlen.

Bitte, halten Sie fest: Disney, der sicher der überzeugteste und begeistertste Verkäufer seiner eigenen Idee war, den man sich vorstellen kann, brauchte über 350 Gespräche, um erfolgreich zu sein. Wie groß muß seine Begeisterung für diese Idee gewesen sein, daß er das durchgehalten hat? Wie verständnisvoll hätte jeder seiner Entschuldigung beigepflichtet, wenn er nach dem zehnten vergeblichen Gespräch gesagt hätte: „Eine schöne Idee, aber leider ist sie nicht machbar!"

Nehmen Sie diese Geschichte nicht nur als Ansporn für Ihre Ausdauer, wenn ein Kunde nicht sofort von Ihren Ideen begeistert ist. Machen Sie sich einfach klar, daß Ihre Begeisterung so groß sein muß, daß sie jedes Nein überdauert. Nehmen Sie Walt Disneys unermüdliche Ausdauer als Meßlatte für Ihre Begeisterung, mit der Sie Ihr Lebensziel, ein Top-Verkäufer zu werden, verfolgen müssen. Gehen Sie mit dieser brennenden Begeisterung in jedes scheinbar noch so unbedeutende Kundengespräch, und Sie werden in Kürze verblüffende Erfolge verzeichnen können.

Verabschieden Sie sich mit diesem Beispiel vor Augen ein für allemal von halbherzigen Entschlüssen und negativen Denkweisen. Streichen Sie den Satz „Geht nicht!" ein für allemal aus Ihrem Denken! Denn nur wenn Sie Ihre Geisteshaltung in Richtung brennende Begeisterung ändern, wird sich auch Ihr Leben ändern. Dann werden Sie in der Lage sein, Ihre Kunden durch Ihre Ausstrahlung und durch Ihren Optimismus von sich zu überzeugen. Wenn Ihre Kunden spüren, daß Sie absolut entschlossen sind, notfalls wie Walt Disney 350mal einen

Lösungsversuch zu unternehmen, werden viele Schwierigkeiten, mit denen Sie bisher zu kämpfen hatten, gar nicht auftauchen.

## Optimismus

Sie kennen sicher die kleinsten aller Segelboote. Kaum größer als eine flache Kinderbadewanne, verfügen sie nur über ein Segel von den Ausmaßen eines Badehandtuchs – und heißen Optimist!

Ja, man muß wirklich ein Optimist sein, wenn man sich mit einer solchen Nußschale auf das Meer hinauswagt. Nehmen Sie es als Beispiel für Ihre Karriereplanung. Egal wo Sie heute stehen, mit Begeisterung und Optimismus können Sie sich auf den großen Markt hinauswagen – auch wenn die Basis, von der Sie ausgehen, derzeit noch sehr klein ist. Seien Sie ein Optimist! Setzen Sie ein großes Segel für Ihren Erfolg! Verkäufer sind Optimisten. Wer verkaufen will, muß durch und durch Optimist sein. Ich habe jedenfalls noch nie einen guten Verkäufer gesehen, der eine pessimistische Lebenseinstellung hatte. Und wenn, dann war er nicht lange Verkäufer!

Optimismus ist wie ein Magnet, der andere Menschen anzieht. Glauben Sie mir, ich weiß, wovon ich spreche! Viele der Menschen, die in meine Vorträge und Seminare kommen, sind förmlich ausgehungert nach Optimismus, nach Begeisterung und nach einer positiven Lebenseinstellung. Denn Optimismus ist Mangelware in einem Land, in dem beinahe ein Viertel der Bevölkerung unter Angstsymptomen leidet. Wissen Sie, wie viele Menschen in Deutschland wegen Angst beim Arzt sind? – 20 Millionen!

Das ist der Grund, warum Ihr ehrlicher Optimismus Menschen in Ihrer Umgebung auffällt und nicht zuletzt

Ihre Kunden dazu motivieren wird, Ihnen zuzuhören und zu helfen. Diese Menschen werden Sie durch Aufträge unterstützen und so Ihren Weg zum Top-Verkäufer wieder ein Stückchen weiter ebnen. Von diesem Optimismus und dieser positiven Grundeinstellung anderen Menschen gegenüber müssen Ihr Denken und Ihr Handeln durchdrungen sein. Optimismus und Begeisterung sind die alles bewirkenden Kräfte. Wenn Sie diesen Rat beherzigen, werden Sie wie ein Magnet die nötige psychische und materielle Unterstützung bereits erfolgreicher Menschen auf sich ziehen.

## Optimismus braucht Pflege

Motivation, Begeisterung und Optimismus sind keine unerschöpflichen Kraftquellen des Erfolgs. Sie können sehr leicht an Kraft verlieren und sogar in ihr Gegenteil umgepolt werden, wenn man sie nicht ständig pflegt und neu auflädt.

Deshalb ist es so wichtig, daß Sie sich jeden Tag aufs neue positiv programmieren und alle negativen Gefühle aus Ihrem Denken verbannen. Entwickeln Sie mit Hilfe meiner besten Tips für Top-Verkäufer (S. 175 ff.) Ihr ganz persönliches „Selbstmotivationsprogramm“, mit dem Sie Ihren Tag beginnen, das Sie untertags immer wieder kurz „einschalten“ – vor einem wichtigen Telefonat, vor einem Kundenbesuch, vor einer schwierigen Verhandlung – und das Sie am Abend regelmäßig nach Ihren Erfolgen abfragen.

Wir Menschen stecken voller Energie, leider zum Teil auch negativer Energie. Was liegt also nach einem mißlungenen Kundengespräch näher, als innerlich über diesen Menschen verärgert zu sein oder auch lauthals auf ihn zu schimpfen, um so wenigstens einen Teil der eigenen Frustration loszuwerden? Aber Vorsicht im Umgang mit negativen Gefühlen! Ist es Ihnen nicht auch schon passiert, daß Sie am Abend zu einer Einladung gingen, auf die Sie sich den ganzen Tag über gefreut haben, und jemand stellt fest: „Na, heute scheinst du ziemlich viel Ärger gehabt zu haben!"

Dasselbe passiert, wenn Sie Ihre Kundenbesuche absolvieren. Sollten Sie also mit Ärger, mit Frust, mit Enttäuschung aus einem Kundengespräch herausgehen, ist es unbedingt notwendig, sich vor dem nächsten Gespräch wieder positiv zu programmieren. Und das geht natürlich viel leichter, wenn Sie den Ärger erst gar nicht hochkommen lassen.

Ärger, Frust und Enttäuschung sind keine unvermeidlichen Reaktionen. Mit geistiger Disziplin und mit einem neuen Denkprogramm, das auf positives Denken, auf Optimismus und Begeisterung aufgebaut ist, können Sie sich innerhalb weniger Wochen völlig neu „einstellen".

Ich möchte Ihnen dafür einen Satz mitgeben, den Sie in Ihr tägliches Programm der Selbstmotivation aufnehmen sollten: „Ich befreie mich von aller negativen Energie und empfange dafür die Wohltaten des Lebens!"

Sie werden nach wenigen Tagen bereits feststellen, daß Ihnen dieser Satz automatisch in den Sinn kommt, wenn Sie negativ denken, wenn Sie sich ärgern und dieser ganze Bodensatz an versteckter Aggression hochkommt. Sie werden aber noch etwas spüren, und zwar wie Ihr Selbstbewußtsein wächst, je mehr Sie Ihre negativen Gefühle zurückdrängen. Und Sie wissen doch, das macht Sie tatsächlich frei, die Wohltaten des Lebens zu empfangen!

## Orientieren Sie sich immer an den Besten

Zu diesem Abbauprogramm des Negativen gehört auch, daß Sie niemals schlecht über andere sprechen, weder über Kollegen im Unternehmen noch über Kunden. Meistens gehören diese schlechte Angewohnheiten ja zusammen. Meiden Sie deshalb jede Gesellschaft, die ihre Identität darin findet, über andere Menschen abfällig zu urteilen. Negativ reden macht negativ – auf der ganzen Linie!

Denken Sie immer an das grundlegende Gesetz des menschlichen Fühlens und Handelns: Man kann nicht gleichzeitig zwei entgegengesetzten Gefühlen Raum geben – Gutes tun und Schlechtes reden! Am allerwenigsten tun Sie sich selbst etwas Gutes, wenn Sie Ihren Aggressionen freien Lauf lassen. Denn das fällt immer wieder auf Sie selbst zurück. Und zwar aus einem ganz einfachen Grund: Jede intensive Beschäftigung setzt Maßstäbe und gibt eine Richtung vor. Und diese Richtung muß bei Ihnen eindeutig von positiver Motivation und Begeisterung vorgegeben werden.

Konzentrieren Sie sich also immer auf die positive Seite! Treten Sie in den Wettstreit mit den Besten, und sprechen Sie sich täglich mehrmals den Satz vor: „Ich weiß, daß ich fähig bin, mein Lebensziel zu erreichen!" Mit diesem Satz können Sie sich auch Mut machen, wenn kleine Rückschläge Ihren Weg zum Erfolg vorübergehend durchkreuzt haben. Das Maßnehmen an den Besten ist deshalb so wichtig, weil diese Menschen, egal auf welchen Gebieten sie sich profiliert haben, Grundsätze verwirklicht haben, die von positivem Denken, von positiver Motivation und von Begeisterung getragen sind.

## Begegnung in New York

Bei einem meiner kürzlichen Aufenthalte in New York schlenderte ich nach einer erfolgreichen Besprechung fröhlich und beschwingt durch das Foyer des Waldorff Astoria Hotels. Plötzlich sah ich Lee Iococca, den legendären Retter und Visionär von Chrysler. Ich hatte schon vor längerer Zeit seine Autobiographie gelesen und bewunderte ihn seither für seinen Mut und seine Klarheit, mit der er den Machtkampf mit Henry Ford III durchgestanden und innerlich überwunden hatte. Außerdem war ich natürlich sehr beeindruckt von der gewaltigen Aufbauleistung, die ihm bei Chrysler gelungen war.

Nun zögerte ich einen Moment. Konnte ich den berühmten Lee Iococca einfach ansprechen? Wie würde er darauf reagieren? Doch da siegte der Verkäufer in mir. Ich wollte Lee Iococca nicht nur gesehen haben. Ich wollte auch mit ihm sprechen. In diesem Moment des Zögerns wurde Iococca auf mich aufmerksam. Ich glaube, das war ein intuitives Erkennen von „Verkäufer zu Verkäufer".

Als ich nun auf ihn zuging, reagierte er sehr offen und herzlich, und es kam ein äußerst angeregtes Gespräch zustande. Ich war wirklich überrascht, mit welcher Spontaneität und Sympathie er auf dieses Gespräch einging. Wir tauschten die Visitenkarten aus und versprachen, uns anzurufen, um weiter über die Kraft der Motivation zu sprechen. In dieser sehr angenehmen Atmosphäre hatte ich auch den Mut, ihn auf das Thema Niederlagen und menschliche Enttäuschungen anzusprechen. Da sagte Lee Iococca einen Satz, den ich gerne an Sie weitergeben möchte: „I always tried hard to clear my mind from disappointing facts!" – „Ich habe immer versucht, meinen Kopf von Niederlagen freizumachen!"

Ja, Menschen, die wirklich den Gipfel erreicht haben, sind unter anderem dort, weil sie genau diesen Grundsatz befolgt haben und sich nicht lange mit Enttäuschungen und Rückschlägen aufgehalten haben. Erfolgreiche Menschen haben deshalb auch ein sehr feines Gespür dafür, ob jemand, der ihnen begegnet, bereit ist, oder besser noch, die eiserne Angewohnheit hat, ebenfalls sein Bestes zu geben. Ihnen genügt ein Blick, um festzustellen, ob jemand von demselben Anspruch auf Spitzenleistungen besessen ist wie sie.

Diesen Punkt werden Sie auch in dem Kapitel Körpersprache wiederfinden, denn Mut, Entschlossenheit, positive Lebenseinstellung, Motivation und Begeisterung drücken sich unweigerlich in Ihren Gesten und Bewegungen und vor allem in Ihrem Mienenspiel und in Ihren Augen aus!

## Aufbruch in eine neue Dimension

Lassen Sie uns für einige Augenblicke über den Bereich des Verkaufens hinausblicken und Maß nehmen an anderen schöpferischen Tätigkeiten. Ist es nicht unwahrscheinlich, was die Kraft der Motivation und Begeisterung im Lauf der Menschheitsgeschichte zustande gebracht hat? Und ist es nicht unglaublich, wie diese höchste Form der Geisteskraft die menschliche Kreativität über alle Grenzen hinwegträgt? Ja, alles menschliche Schaffen entsteht aus Begeisterung! Kein Künstler, kein Schriftsteller, kein Wissenschaftler, kein Erfinder und kein Entdecker hat je etwas Nennenswertes geschaffen ohne die Kraft der Motivation und das Feuer der Begeisterung!

Mit diesem Feuer der Begeisterung können wir unser Leben anzünden, die verborgenen Schätze unserer unermeßlichen Kreativität ans Licht tragen, Pläne entwerfen und Träume und Visionen verwirklichen. Glauben Sie mir, das Beste, was es in unserem Leben gibt, kommt aus der Begeisterung! Lassen Sie sich deshalb von der Wirkungskraft dieser unermeßlichen Energie des menschlichen Geistes überzeugen, wenn Sie eine neue Dimension für Ihr Leben planen! Seien Sie sich darüber im klaren, daß die Ziele, die Sie in Ihrem Leben erreichen werden, von den Grenzen bestimmt werden, die Sie sich selbst setzen.

Dieser Tatsache werde ich mir immer wieder bewußt, wenn mir Menschen ihre Lebensläufe erzählen. Sie sehen sich an allen Ecken und Enden vor teils ganz engen Grenzen stehen, die aber ausschließlich in ihrem eigenen Denken gewachsen sind. Diese Grenzen sind jedoch objektiv gesehen in keiner Weise unverrückbar. Man muß sich nur ein gerade noch erreichbares Ziel vornehmen und seine Grenzen ganz bewußt überschreiten!

Für unser Unternehmen ce, das zunächst aus mir allein, dann aus drei, später aus sechs Mitarbeitern bestand und derzeit knapp 50 Mitarbeiter hat, haben wir den grenzsprengenden Slogan „World Trade Center for Chips“ gewählt, und nach der Gründung der virtuellen Chipbörse VCE sind wir auch auf dem besten Weg dazu, diesem Slogan immer mehr Substanz und Raum zu geben. Seit einiger Zeit kursiert in unseren Köpfen ein weiterer Slogan, den wir sehr ernst nehmen: „The sky is the limit!“ Diese Slogans wurden aus unserer Begeisterung heraus geboren, und wir arbeiten Tag für Tag mit großer Begeisterung daran, unsere Wirklichkeit diesen Vorgaben immer näher zu bringen.

Lassen Sie diese Wirklichkeit großer Visionen auch in Ihrem Leben immer stärker Fuß fassen. Begeisterung ist die Antriebskraft, die uns die unendliche Energie verleiht, unser Dasein in ein erfülltes Leben zu verwandeln. Begeistern Sie sich für Ihr Leben, für Ihren Erfolg im Beruf wie im Privatleben! Sprechen Sie an jedem Tag Ihres Lebens ein lautes und deutliches Ja zur Begeisterung.

## Das wichtigste Wort im Leben eines Verkäufers

Das wichtigste Wort im Leben eines Verkäufers drückt Zustimmung und Lebensbejahung aus. Es ist zugleich die kürzeste Maxime des positiven Denkens. Es ersetzt lange Abhandlungen darüber, wie man seinen Körper und seinen Geist von negativen Einflüssen reinigt, wie man Erfolg im Beruf, Freude und Erfüllung seines Daseins erreicht. Es lautet schlicht und einfach „Ja“! Ja zur Begeisterung und zum Erfolg in Ihrem Leben. Mit diesem Ja zur Begeisterung sind Sie zielstrebig, diszipliniert, ausdauernd und zuverlässig und im Umgang mit Ihren Kunden angenehm, freundlich und liebenswürdig.

Mit diesem Ja zu sich selbst gewinnen Sie immer häufiger das Ja, das Sie reich macht – das Ja Ihrer Kunden! Dieses eine große Wort „Ja, ich bestelle!“ ist es doch, worauf ein Verkäufer mit seiner ganzen Energie und Begeisterung zusteuert.

Seien Sie sich deshalb der positiven Bedeutung dieses Wortes in Ihrem Leben immer bewußt! Und Sie werden die wunderbare Erfahrung machen, daß einen Menschen, der ein ehrliches Ziel mit der ungeheuren Kraft der Begeisterung und positiven Motivation anstrebt, auf Dauer nichts von diesem Ziel abhalten kann!

## Motivation – Ihr Leitstrahl für ein neues Leben!

Kennen Sie das Geheimnis des persönlichen Wachstums? Es ist ganz einfach: Ziehen Sie sich größere Schuhe an, und arbeiten Sie zielstrebig daran, kontinuierlich hineinzuwachsen. Was bedeutet das für einen Verkäufer? Zunächst nur, daß er sich größere Umsatzziele vorgibt. Aus diesen größeren Umsatzzielen entsteht, wie wir alle wissen, leider sehr häufig negativer Streß, vor allem wenn man nicht selbst mit seiner ganzen Person hinter diesen Zielen steht, sondern sie von außen diktiert bekommen hat.

Daraus folgt ganz logisch, daß Sie sich einen positiven Druck auferlegen sollten, den Sie dann mit Freude, Engagement und Begeisterung erfüllen.

Nur ein Beispiel: ce hätte jahrzehntelang in der Dreizimmerwohnung bleiben können, in der wir vor 23 Jahren angefangen haben. Wir hatten gut zu tun, haben gut verdient. Was will man mehr! Mir reichte diese Aussicht aus der Dreizimmerwohnung jedoch nicht für mein ganzes Leben. Eines Tages fing ich an, ein größeres Büro zu suchen. Tatsächlich fand ich auch eines, das unsere damaligen finanziellen Mittel bei weitem überstieg. Es folgte ein Gespräch mit unserem Bankdirektor. Der gab grünes Licht – im Vertrauen darauf, daß wir diese „größeren Schuhe" in absehbarer Zeit ausfüllen würden. Und so war es auch. Wir mußten uns um größere Kunden bemühen und damit gleichzeitig größere Verantwortung übernehmen, noch disziplinierter und effizienter arbeiten.

Kurz, dieser positive Druck auf ein größeres Ziel hin veränderte unser Denken und natürlich unser Handeln. Noch größeres Wachstum wurde vorstellbar. Wir empfanden eine ganz neue Motivation. Wir stellten größere Anforderungen an uns selbst, und wir erprobten ein weiteres Mal unseren Mut an größeren Herausforderungen. Und das war für das weitere Wachstum von ausschlaggebender Bedeutung, denn ohne den Mut zum kalkulierten Risiko ist Wachstum nicht möglich. Wir haben uns mit dieser Begeisterung für ein neues Ziel täglich selbst angesteckt. Das wiederum haben unsere Kunden gespürt. Und nicht zuletzt unser Bankdirektor, der uns den Kontakt zu einem ganz großen Kunden vermittelte. Es war, wie ich schon an anderer Stelle sagte: Unsere Begeisterung wirkte wie ein Magnet, der andere dazu veranlaßte, uns im Erreichen unserer Ziele zu unterstützen.

Glauben Sie mir und meiner ganz persönlichen Erfahrung: Diese Hilfe zur Verwandlung Ihrer Träume und Visionen in sichtbare, greifbare und fühlbare Wirklichkeit wird sich auch auf Sie zubewegen. Warum? – Weil aus Ihrer Begeisterung zu spüren ist, daß auch Sie alles Menschenmögliche tun werden, um Ihren Kunden und deren Unternehmen bei der Verwirklichung ihrer Träume und Visionen zu helfen. Ja, Sie werden es selbst erfahren – Begeisterung ist ansteckend! Begeisterung entzündet immer!

## Begeisterung setzt ungeahnte Energien frei!

Besonders für den Erfolg eines Verkäufers ist dieses selbstverständliche Wechselspiel von Geben und Nehmen von ausschlaggebender Bedeutung. Gerade dieses spontane und selbstverständliche Geben und Nehmen entspringt aus der tiefen Glut der Begeisterung. Diese Begeisterung wird in Ihnen einen Strom an Energie hervorrufen. Und dieser Energiestrom wird Ihnen Erfolg, Reichtum und Lebensglück zufließen lassen.

Auch Sie werden dieselbe unglaubliche Erfahrung erleben wie ich: Einen Menschen, der mit ehrlichen Mitteln ein ehrliches Ziel anstrebt und der mit der ungeheuren Kraft der Begeisterung und der positiven Motivation an die Verwirklichung seiner Ziele geht, den kann auf Dauer nichts von diesen Zielen abhalten. Begeisterung vertreibt das Negative.

Lassen Sie mich deshalb eines noch einmal ganz deutlich sagen: Sie haben die Kraft, Ihr Leben zu ändern und sich für dieses Lebensziel zu entscheiden. Sie müssen es nur wollen! Entscheiden Sie sich! Heute!

## Meine Botschaft der Motivation

Menschen diesen Anstoß zu ihrem Erfolg zu geben und auf breiter Basis Erfolgsbewußtsein und Erfolgsbereitschaft zu erzeugen, das begeistert mich. Dafür halte ich Vorträge und Seminare, schreibe meine Bücher und lerne täglich dazu. Daß ich mit dieser Botschaft in einem Vortrag Hunderte, ja mittlerweile Tausende von Menschen, ihre Begeisterungsfähigkeit, ihr Herz, ja, ihre Seele erreichen kann – das ist die Freude an der Entdeckung meines Potentials der Begeisterung, von dem ich bis vor wenigen Jahren nichts wußte!

Je mehr begeisterte und erfolgreiche Menschen mich umgeben, um so wohler fühle ich mich, und um so besser geht es mir selbst. Deshalb ist es mir so wichtig, auch Sie zu Ihrem Erfolg anzustacheln. Ja, ich werde Sie dafür begeistern, dieses Potential an ungenutzten Fähigkeiten, an Energie, an Kreativität, an Lebensfreude und Erfolgsbewußtsein, das in Ihnen verborgen ist, zu entdecken und zu entfalten. Lassen Sie sich mitreißen! Werfen Sie Ihre Selbstzweifel über Bord. Suchen Sie eine neue Überschrift für Ihr Leben. Sie heißt ganz einfach: Ja, ich will ein Top-Verkäufer werden!

Sie haben bisher vielleicht nur noch keinen Weg gefunden, wie Sie Ihren Mut, Ihre Risikobereitschaft, Ihr Kommunikationstalent, Ihre Ausstrahlung und Ihre Überzeugungskraft täglich stärken und wirkungsvoll einsetzen können – in allem, was Sie tun! Ja, die Zeit ist reif, daß Sie Ihrem Denken eine neue Richtung und Ihrer Vorstellungskraft eine neue Dimension geben! Denken Sie sich groß! Denken Sie sich erfolgreich. Denken Sie nach, und werden Sie reich! Beginnen Sie jeden Tag mit einem entschlossenen „Ich schaffe es!“, „Ich kann es!“, „Ich will es!“, und versetzen Sie sich dabei in die zuversichtliche Stimmung und in das Freudengefühl, das Sie empfinden werden, wenn Sie Ihr Ziel bereits erreicht haben! Tanken Sie Selbstbewußtsein, Entschlossenheit und eine tiefe Freude darüber, daß Sie in diesem herrlichen Beruf tätig sein können.

Glauben Sie mir, es lohnt sich für Sie, Leidenschaft und Begeisterung für ein erfolgreiches und erfülltes Leben in sich zu wecken, die volle Verantwortung für Ihr Leben zu übernehmen, Angst und Mutlosigkeit zu überwinden und täglich Ihre Motivation neu auf Ihr Lebensziel auszurichten. Die Fähigkeit, positiv zu denken und zu handeln, trägt jeder Mensch in sich. Sagen Sie in schwierigen Situationen immer wieder zu sich: „Du schaffst, was du willst!"

## Pflegen Sie Ihr Erfolgsbewußtsein

Ja, als Verkäufer wissen Sie, daß positiv denken alleine nicht eine Mark Umsatz bringt. Positiv denken bedeutet für einen Verkäufer gleichzeitig immer positiv handeln. Deshalb heißt für einen Verkäufer Motivation vor allem: daß er sein Erfolgsbewußtsein pflegt – auch in kleinen, scheinbar unwichtigen Dingen! Daraus erwächst die Begeisterung, die ihn auch in großen Verhandlungen weiterträgt. Wir begegnen Tag für Tag so vielen negativ motivierten und schlechtgelaunten Menschen. Für einen begeisterten Verkäufer ist das ein reiches Betätigungsfeld, um seine Ausstrahlung und sein Erfolgsbewußtsein zu testen und zu schulen.

Ich denke zum Beispiel an eine Bodenstewardeß, der ich kürzlich beim Einchecken zur Frühmaschine nach Frankfurt begegnete. Sie war wirklich schlecht gelaunt und klopfte ärgerlich auf ihren PC ein, der nicht funktionieren wollte. Ich lächelte sie an und beruhigte sie mit dem Satz: „Ich habe keine Eile. Wir beide schaffen das schon!" Das verringerte sichtbar ihre Anspannung, und siehe da, der PC funktionierte plötzlich auch ganz normal. Unwillkürlich lächelte die junge Frau zurück. Im Weggehen sah ich noch, wie sehr sie über ihren eigenen Stimmungsumschwung verblüfft war. Sie war plötzlich positiv verwandelt!

## Kleiner Gewinn – großer Erfolg

Der Gewinn für mich in dieser scheinbar unbedeutenden Situation war, daß mich dieser kleine Erfolg den ganzen Tag begleitete. Er verstärkte meine positive Grundstimmung in den geschäftlichen Verhandlungen, die ich an diesem Tag führte. Damit möchte ich für Sie verdeutlichen, wie wichtig es ist, Menschen positiv umzupolen und Situationen, die negativ zu werden drohen, mit einem Lächeln, das aus einer positiven Grundstimmung entspringt, zu entschärfen. Ja, denken sie immer daran: Lächeln, das wirklich von Herzen kommt, ist ein unwiderstehlicher Türöffner für Erfolg!

Mit dieser Art von lächelnder und aktiver Gelassenheit zeigen Sie anderen Menschen, daß Sie nicht nur geschäftlich, sondern auch menschlich erfolgreich sind. Und Sie können die Energie genießen, die Ihnen spürbar zuströmt, wenn Sie sich nicht von der schlechten Laune anderer anstecken lassen. Ich bin überzeugt, daß jemand, der sich schon am frühen Morgen von einer so harmlosen Situation zu einer heftigen Unmutsäußerung verführen läßt, darauf vorprogrammiert ist, an einem schwierigen Punkt einer geschäftlichen Verhandlung ähnlich negativ zu reagieren – und sich damit vielleicht einen erfolgreichen Abschluß zu verbauen.

## Erfolg strahlt aus und zurück

Dieses kleine Beispiel vom Flughafen zeigt, daß es für einen Verkäufer ganz besonders wichtig ist, sein Erfolgskonto ständig auch mit dieser Art von Kleingeld zu füttern. Denn Motivation und positive Ausstrahlung sind für ihn die beste Gewähr für Erfolg. Damit macht er seine Gesprächspartner zu Verbündeten seines Erfolgs.

Diese positive Ausstrahlung, diesen Zauber der Überzeugung aus der Mitte Ihrer Persönlichkeit heraus, können Sie ganz bewußt immer wieder durch kleine Erfolge nähren und zum Leuchten bringen. Es gibt keine unwichtigen Situationen, wenn es um Erfolg oder Niederlage geht. Der Zauber der positiven Ausstrahlung, der sich so schwer beschreiben und noch schwerer erlernen läßt, nimmt in diesen kleinen Begegnungen seinen Ausgang. Menschen, für die das Verhalten im Kleinen wie im Großen nicht eine Einheit ist, können ihren Charme und ihre Ausstrahlung nur künstlich anknipsen, wenn sie „im Rampenlicht" stehen.

Als Verkäufer wissen Sie jedoch sicher so gut wie ich, daß Ausstrahlung nur wirkt, wenn Sie mit Ihrer ganzen inneren Einstellung und mit Ihrer Persönlichkeit dahinterstehen. Deshalb wiederhole ich an dieser Stelle meinen Rat: Stabilisieren Sie täglich Ihre Motivation! Werden Sie zum Mitarbeiter Ihrer eigenen Motivation. Verlassen Sie das Negative, denn das Negative macht Sie zum „Müd-Arbeiter!"

## Werden Sie motivationsbewußt

Motivation ist keine feste Größe! Deshalb müssen Sie, wenn Sie erfolgreich Ihr Ziel erreichen wollen, ausgesprochen „motivationsbewußt" werden. Nach einem schönen Auftrag sind alle Verkäufer positiv gestimmt. Vor einem

Auftrag oder auch nach einer Absage nur die wirklich guten. Das ist ihr Erfolgsgeheimnis. Diese Kraft der Motivation kann jedoch großen Schwankungen unterliegen. Ein Kunde zieht einen Auftrag zurück, ein Lieferant verschludert den zugesagten Termin oder schickt Ware, bei der der Date Code abgelaufen ist. Reklamationen von verärgerten Kunden häufen sich. Daraus entsteht Ärger mit der internen Serviceabteilung. Wichtige Kundengespräche werden auf unbestimmte Zeit verschoben oder ganz abgesagt. – Die Negativliste der Motivationskiller läßt sich unendlich verlängern.

Entwickeln Sie also ein seismographisches Gespür für die leisesten Erschütterungen Ihrer Motivation, und – vor allem – reagieren Sie sofort darauf. Mit Mut, mit Offenheit, mit Ehrlichkeit und mit ganz klaren Worten. Nichts ist in dem Bereich der Motivation gefährlicher als glimmende Kohlestückchen, die man „um des lieben Friedens willen" unter den Seelenteppich kehrt. Sie entwickeln sich mit tödlicher Sicherheit zu einem Schwelbrand, der nur noch mit größter Anstrengung unter Kontrolle zu bekommen ist. Für diese hochbrisanten Situationen muß der erfolgreiche Verkäufer gleichsam einen Brandmelder im Kopf haben.

Warum ist das so wichtig? Das läßt sich ganz einfach erklären. Das Ziel, auf Ihrem Gebiet der Beste zu sein oder auch zu werden, läßt sich nur verwirklichen, wenn Ihr „Motivationspegel" immer an der Höchstmarke steht. Dieser Motivationspegel ist nämlich Ihrem Erfolgs- oder Umsatzpegel eins zu eins gleichzusetzen.

Ja, das ist nicht übertrieben. Ich kann am Ergebnis jedes meiner Mitarbeiter und meiner Mannschaft insgesamt jeden Tag ablesen, wie gut sie motiviert waren. Gerade im Chip-Broking hängt sehr, sehr viel von der positiven Tagesform ab. Wir haben permanent mit Kunden und Lieferanten zu tun, also mit Menschen, die Motivation schätzen und suchen und die wie Rehe im ersten Morgenlicht auf das leiseste Geräusch reagieren, das nicht in die Landschaft paßt.

Deshalb habe ich dieses Motivationsbewußtsein auch sehr stark im Unternehmensbewußtsein von ce verankert. Denn davon hängt der unbedingte Wille ab, immer wieder aufs neue Höchstleistungen zu erbringen. Die Mannschaft von ce ist jederzeit bereit, neue Kollegen zu unterstützen, ihnen auch zu helfen, wenn Fehler auftreten. Das einzige, worauf meine Mitarbeiter sehr empfindlich reagieren, ist ein Mangel an Motivation. Denn Motivation ist gleichsam das einigende Band der ganzen Mannschaft. Motivation ist die Grundlage unserer „Corporate Identity". Mobbing und die „Kunst der Arschkriecherei", über die der jüdische Professor Silverstein ein ganzes Buch geschrieben hat, haben bei uns keine Chance.

Wir wissen, daß Motivation ständige Auffrischung erfordert. Um dieses Ziel zu erreichen, veranstalten wir immer wieder Motivationsseminare ausschließlich für die Mitarbeiter, zu denen wir uns für ein Wochenende in ein Hotel zurückziehen und vor allem neu hinzugekommene Mitarbeiter mit Motivation aufladen und begeistern.

## Begeistern Sie sich für den höchsten Qualitätsstandard

Was qualifiziert einen Vertriebsmitarbeiter in den Augen seiner Kunden und seines eigenen Unternehmens zum Top-Verkäufer? Das ist die Disziplin, bei allem, was er anpackt, am höchsten Qualitätsstandard festzuhalten! Motivation für ein Höchstmaß an Qualität ist meiner Überzeugung nach das wichtigste Trainingskonzept für jeden Erfolg im Verkauf!

Disziplin und Pflichtbewußtsein allein bringen meistens ungenügende Leistungen, eben „Pflichtleistungen", an denen man zwar im Grunde nichts beanstanden kann, die aber auch keinerlei Anlaß zu Begeisterung bieten. Disziplin und Pflichtbewußtsein ohne Motivation, ohne Begeisterung ist eine ziemlich tote Angelegenheit. Pflichtleistungen bewegen sich sozusagen innerhalb der 80 Prozent, die nach dem Pareto-Prinzip auf den Durchschnitt Masse entfallen.

Sie kennen das Pareto-Prinzip? Vilfredo Pareto, ein italienischer Soziologe, fand dieses Prinzip durch statistische Untersuchungen heraus. Es besagt, daß in der Wirtschaft und in der Gesellschaft alles in einem Verhältnis von 20:80 funktioniert. Für uns bedeutet das, daß 20 Prozent der Verkäufer 80 Prozent des Umsatzes erzielen. Und umgekehrt: 80 Prozent der Verkäufer erbringen nur 20 Prozent des Umsatzes. Möchten Sie mit Ihren Leistungen zu diesen 80 Prozent gehören? Ganz sicher nicht. Top-Verkäufer haben andere Ziele, denn sie wissen, daß von den oberen 20 Prozent wiederum nur 20 Prozent 80 Prozent des Umsatzes hereinbringen. Damit bewegen wir uns im Club der Spitzenverkäufer, die insgesamt nur noch 4 Prozent aller Verkäufer ausmachen.

Das sind diejenigen, für die Motivation gleichbedeutend ist mit der Disziplin, in all ihren Leistungen am höchsten Qualitätsstandard festzuhalten. Sie sitzen abends im Hotel oder auch im Flugzeug und vervollständigen ihre Besuchsberichte, lesen ihre Fachzeitschriften oder bereiten sich auf die Kundengespräche des kommenden Tages vor, informieren sich im Internet über die neuesten Preisentwicklungen in ihrem Fachsegment oder denken darüber nach, wie sie den Service für ihre Kunden noch effizienter gestalten könnten.

## Die größte Gefahr für Motivation: große Erfolge

Top-Verkäufer sind sich auch der Tatsache bewußt, daß die größte Gefahr für die Motivation von zu schnellen und zu großen Erfolgen droht. Ja, glauben Sie mir, Erfolg kann für die Motivation gefährlicher sein als eine gewaltige Niederlage. Schon in meinem 1990 erschienen Buch „Mr. Chip“ schrieb ich: „Die sicherste Methode, einen Erfolg zu verspielen, ist, sich auf seinen Lorbeeren auszuruhen. Dieser Gefahr war ich nie ernsthaft ausgesetzt. Kaum hatte ich ein Ziel durch harte Arbeit erreicht, faßte ich das nächste ins Auge.“

Bei einer ganzen Reihe von Mitbewerbern im Markt habe ich genau diese Gefahr miterlebt. Sie hat der Erfolg satt und träge, oder besser gesagt müde und einfallslos, gemacht. Selbstzufrieden mit ihrem finanziellen Erfolg verpaßten sie den Anschluß an die neuesten Entwicklungen im Markt, versäumten, die nächste Wachstumsphase ihres Unternehmens einzuleiten, und mußten plötzlich verwundert und resigniert feststellen, daß sie vom Strom des Geschehens ans Ufer gespült worden waren. Von dort aus hatten sie zwar immer noch einen guten Beobachtungsposten für das Marktgeschehen, aber sie waren leider nur noch am Rande damit beschäftigt.

Auch das hat der kluge Vilfredo Pareto übrigens als Prinzip erkannt: nämlich daß in der gesellschaftlichen Struktur ein ständiger Ausgleich angestrebt wird. Menschen mit überdurchschnittlichen Fähigkeiten versuchen immer, ihre gesellschaftliche Position zu verbessern und in die Spitzengruppe der obersten 4 Prozent vorzustoßen, während ein bestimmter Prozentsatz dieser obersten Schicht wieder ins Mittelmaß absinkt.

## Führungskraft bedeutet Motivationskraft!

Diese Erkenntnis, die mir bereits als Erfahrung bekannt war, ehe ich einen Namen dafür hatte, bedeutet für mich und für das Unternehmen, das ich führe, immer wieder neue Unternehmensziele festzulegen und dabei fünf Jahre vorauszudenken. Aus diesem Grund beschäftige ich mich seit Jahren in zunehmendem Maße mit der Frage: Wie motiviere ich andere Menschen Tag für Tag, ihr Bestes an Leistung zu erbringen, und zwar nicht nur an ihrem Arbeitsplatz, sondern auch in ihrem Privatleben, im Sport, ja, auch in der Gesellschaft und in der Politik? Wie motiviere ich Menschen in meiner Umgebung, Kollegen, Lebenspartner, Freunde, auf persönliche Spitzenleistungen hinzuarbeiten?

## Wo bleibt der Motivationsminister?

Erlauben Sie mir hier einen kleinen Abstecher in die gesellschaftspolitische Dimension von Motivation und Begeisterung, den ich um so lieber mache, als er im weiteren Sinn doch wieder mit Verkauf zu tun hat. Unsere deutschen Spitzenpolitiker, Wirtschaftsführer und auch die geistige Elite an den Universitäten hat in diesem Bereich der Motivation im Hinblick auf gesellschaftlich wünschenswerte Entwicklungen kläglich versagt. Einzig und allein die berühmte Berliner Rede des ehemaligen Bundespräsidenten Roman Herzog, für die mein kurz zuvor erschienenes Buch „Aufbruch Deutschland" für viele Passagen Pate stand, macht hier eine Ausnahme. Leider hat sie nur dazu geführt, daß sämtliche Parteien und gesellschaftlichen Gruppen mit dem Finger aufeinander zeigten und laut riefen: „Haltet den Dieb!" Aber wer getraut sich heute ernsthaft, noch irgend jemandem Höchstleistungen abzuverlangen – außer im Sport?

Die Sozialdemokratie verweigert im Schulterschluß mit den Gewerkschaften, denen im Hinblick auf ihre Klientel bestenfalls an der Zementierung des Mittelmaßes gelegen sein kann, sogar die längst fällige Diskussion über die so dringend benötigten Eliteschulen und Eliteuniversitäten. In Frankreich, in Großbritannien, in den USA und in Japan sind sie eine absolute Selbstverständlichkeit. Von dort geht für diese Länder die Motivation für Höchstleistungen aus.

Warum hat die deutsche Wirtschaft in den 70er und 80er Jahren die Entwicklung des „Bausteins der Zukunft", des Mikrochips, völlig verschlafen? Weil mangelnde Phantasie und eingefahrene, spießerhafte und kleinkarierte Denkstrukturen davon ausgingen, daß Chips nichts anderes seien als Schrauben, die man am besten dort einkauft, wo sie am preisgünstigsten sind. Zudem brachten die Gewerkschaften das Gerücht in Umlauf, Chips seien die Jobkiller Nummer eins, während sie gleichzeitig die unmenschlichen Arbeitsbedingungen in der halbautomatischen Fertigung beklagten. Wie konnte in einem solchen Klima die Motivation für Zukunft entstehen? Und auch im Hinblick auf die gegenwärtige Politik und ihre gesellschaftlichen Vorstellungen kann ich nur sagen, daß unsere Gesellschaft dringend einen Motivationsminister benötigt, der der gegenwärtigen Regierung erst einmal klarmacht, daß ein Unternehmen, das seine internen Streitereien ständig vor den Augen der Kunden austrägt, zum Scheitern verurteilt ist. Es nützt auch wenig, wenn der „Top-Verkäufer" immer wieder beteuert, wie gut er selbst motiviert ist, wenn es ihm nicht gelingt, seine Kunden für sein „Produkt" zu begeistern.

## Ist Motivation wichtiger als ausgefeilte Technik?

Die Antwort auf diese Frage definiert die Qualität jeder Art von Führungsperson. Wer andere Menschen nicht motivieren kann, ist bestenfalls ein guter Theoretiker oder ein guter Einzelkämpfer. Aber er wird nie ein erfolgreicher Unternehmer, Teamchef, Mannschaftskapitän, Bundeskanzler oder Präsident.

Warum ist das so? Warum ist die Kraft der Motivation offensichtlich wichtiger als ausgefeilte Technik, überragende Taktik oder auch einfach das Pflichtbewußtsein, eine möglichst gute Leistung zu erbringen? Die Antwort ist ganz einfach: Nur auf der Basis echter Motivation ist es möglich, dem Körper, dem Geist, der Kreativität ein Höchstmaß an Leistung abzuringen und in schwierigen Situationen alle physischen Kraftreserven und psychischen Energien zu mobilisieren! Probieren Sie es aus! Suchen Sie sich eine Aufgabe, die Sie wirklich begeistert – und legen Sie los! Auf die Plätze und mit Begeisterung – los!

## Wer nicht selbst brennt, kann andere nicht anzünden!

Aus meiner jahrelangen Beschäftigung mit dem Thema Motivation weiß ich eines: Wer andere Menschen motivieren will, muß vor allem selbst motiviert sein! Ja, wer selbst nicht brennt, kann andere nicht anzünden. Wer dagegen von seiner Aufgabe begeistert ist, dem strömen nicht nur ungeahnte Kräfte zu, der zieht auch automatisch Menschen an, Menschen, die das Feuer der Begeisterung suchen. Die Temperatur der Seele steigt nur durch Motivation.

Für Top-Verkäufer bedeutet Motivation zuallererst, daß sie selbst auf einem ganz hohen Level des Bewußtseins leben, bewußte Entscheidungen treffen, nichts vor sich herschieben und vor allem Unangenehmes niemals liegen lassen. Dazu gehört ein hoher Grad an Aufmerksamkeit, Sensibilität und Mut.

Top-Verkäufer wissen aber auch, daß die eigene Motivation nichts anderes ist als Pingpong gegen die Wand, wenn es ihnen nicht gelingt, die Motivation Ihres Kunden zu steigern. Ja, Verkaufen bedeutet in erster Linie, den Kunden für mich zu interessieren, ihn von der Qualität meines Produkts zu überzeugen und ihn dann zum Kauf zu motivieren und diese Motivation auch tatsächlich aus einer freischwebenden Absichtserklärung in einen konkreten Abschluß münden zu lassen. Im wesentlichen umreißt das bereits das AIDA-Prinzip, das ich im folgenden Kapitel ausführlicher erläutern werde.

## Was mich motiviert, ein Verkäufer zu sein

In meiner langjährigen Karriere habe ich Verkäufer aller Altersstufen zwischen 17 und 65 Jahren kennengelernt. Eine ganze Reihe von ihnen waren Seiteneinsteiger, was keinesfalls eine Abwertung dieses Berufsstandes bedeutet. Meist standen ihre bisherigen beruflichen Laufbahnen in direktem Zusammenhang mit ihrer verkäuferischen Tätigkeit. Da gab es den Ingenieur, der sich auf den Verkauf von Industrieanlagen spezialisierte. Da war der gelernte Apotheker, dem es mehr Spaß machte, als Pharmavertreter Krankenhäuser zu besuchen, als nur hinter seiner Ladentheke zu stehen. Die Liste dieser Kombinationen ließe sich beliebig verlängern. Ich habe aber auch und nicht zuletzt in meinem eigenen Unternehmen junge Leute zu Top-Verkäufern heranwachsen sehen, die von der Ausbildung her mit Verkauf nichts zu tun hatten.

Sie gewannen die Motivation für ihre neue Tätigkeit durch den Spaß an der Kommunikation mit den Kunden, und sie lernten innerhalb weniger Jahre auf der Basis dieser Motivation, sich ein wirklich tolles Einkommen zu sichern. Der wichtigste Satz für alle diese erfolgreichen Verkäufer lautete: „Ich bin stolz darauf, ein Verkäufer zu sein!“ Sie stellten fest, daß sie als Verkäufer Achtung erringen und Prestige gewinnen konnten, wenn sie in ihrer selbstgewählten Verkäuferkarriere durch fundierte Kenntnisse, durch hohe Kommunikationsbereitschaft und natürlich durch Motivation und Begeisterung erfolgreich waren.

## Die Attraktivität des Verkäuferberufs

Ja, was macht den Beruf des Verkäufers so attraktiv? – Für offene, kommunikative und lernbereite Menschen ist das Schönste am Beruf des Verkäufers sicherlich der Umgang mit anderen Menschen. Verkäufer ist zwar auch ein sitzender Beruf, aber der erfolgreiche Verkäufer sitzt die wenigste Zeit an seinem eigenen Schreibtisch. Er sitzt im Auto, im Flugzeug und natürlich beim Kunden, und das in zunehmendem Maße weltweit.

Mich zum Beispiel führte meine erste Weltreise, die ich 1977 noch als kaufmännischer Direktor eines großen Schweizer Konzerns unternahm, neben vielen anderen Städten nach Bombay, Karachi, Kalkutta, Bangkok, Hongkong, Taipeh, Tokio, Singapur, Manila und Sydney. Was für ein gigantischer Aufbruch in der damaligen Zeit. Auf dieser Reise konnte ich unschätzbar wichtige Erfahrungen sammeln. Ich lernte, mich auf internationalem Parkett zu bewegen, mich jeden Tag auf neue Situationen einzustellen und Verhandlungen in einer Sprache zu führen, die ich erst wenige Wochen zuvor mühsam gelernt hatte. Für mich war diese erste Weltreise mehr wert als viele Managementkurse. Ich lernte vor allem, die deutsche Wirtschaft von außen zu sehen und sie mit den Wirtschaftsstrukturen anderer Länder zu vergleichen.

## Berufsziel Unabhängigkeit

Der wichtigste Punkt der Attraktivität liegt für einen erfolgreichen Verkäufer in seiner großen Unabhängigkeit. Er muß unternehmerisch handeln und häufig spontan entscheiden, mit einem hohen Maß an Verantwortung für den Kunden, für sein Unternehmen und natürlich auch für sich selbst. Dabei legt er im Grunde selbst fest, wieviel er verdienen möchte und wieviel er dafür arbeiten will. Ein Top-Verkäufer will allerdings in der Regel nicht die Beschränkung auf die 35-Stunden-Woche. Die doppelte Anzahl an Arbeitsstunden ist für ihn eher normal. 35 Stunden sind für einen Top-Verkäufer schon beinahe wie Urlaub.

Woher kommt diese Bereitschaft zu einem derartigen Einsatz, abgesehen von den bereits erwähnten Verdienstmöglichkeiten? Ich glaube, ich spreche nicht nur den Verkäufern bei ce, sondern allen Top-Verkäufern aus der Seele, wenn ich sage: Verkaufen macht einfach Spaß. Es ist ein amüsantes Spiel – wenn man es beherrscht!

Verkäufer haben unbegrenzte Chancen – heute mehr denn je. Ihre Aufstiegsmöglichkeiten in die obersten Etagen wachsen in dem Maß, in dem die Aufgaben des Verkäufers in Richtung „Global Player für die Lösung komplexer Kundenprobleme" wachsen. Das bedeutet in zunehmendem Maße, daß Verkäufer den Weg, auf dem sie vorwärtskommen wollen, selbst bestimmen können.

Top-Verkäufer lieben mit Sicherheit auch den Leistungsdruck. Sie sehen den Druck, der von Schwierigkeiten ausgeht, als positive Herausforderung an. Ja, sie brauchen ihn als Ansporn wie ein Rennpferd, das krank wird, wenn es zu lange im Stall steht und nicht im Rennen antreten darf. Wie dieses weiß der Top-Verkäufer nach dem Rennen sofort, ob er gewonnen oder verloren hat. Da Top-Verkäufer wesentlich häufiger gewinnen als verlieren, gehen sie immer mit großer Freude und Begeisterung an den Start. Sie gehen schon deshalb an den Start, weil das ihre Energie und vor allem ihre Phantasie herausfordert. Für Top-Verkäufer ist der Einsatz ihrer Energie pure Lebensfreude.

Top-Verkäufer genießen das Leben. Als Ausgleich für ihren harten Einsatz lieben sie den gediegenen Luxus, wobei sie das Wissen um diesen unermüdlichen Einsatz davor bewahrt, ihr hart verdientes Geld sinnlos zu verschwenden.

Das unterscheidet sie deutlich von Glücksrittern, deren Gewinn eher vom Zufall abhängt. In ihrer Freizeit halten sich Top-Verkäufer gerne an Plätzen auf, wo sie auf ähnlich positiv gestimmte Menschen treffen.

Top-Verkäufer kehren nach den Wochenenden oder nach kurzen Urlauben gerne an ihre Arbeit zurück, weil sie sich mit ihrem spannenden Beruf stark identifizieren und Angst haben, sie könnten bei längerer Abwesenheit die neuesten Entwicklungen verpassen.

Top-Verkäufer genießen ihr Selbstbewußtsein, weil sie wissen, daß sie in ihrer Liga praktisch ohne Konkurrenz sind.

## Meine Leitsätze für den Top-Verkäufer

1. Erinnern Sie sich an Ihre größten bisherigen Verkaufserfolge, und leiten Sie daraus die Motivation und Begeisterung für Ihr großes Lebensziel ab – ein Top-Verkäufer zu werden!

2. Suchen Sie in sich den großen Lebensentwurf, der in Ihnen angelegt ist, und gehen Sie sofort und ganz konsequent daran, ihn umzusetzen. Denn nichts ist für den Erfolg eines Lebens schädlicher als Ziellosigkeit.

3. Orientieren Sie Ihr Handeln niemals an vergangenen Niederlagen oder Rückschlägen, sondern überwinden Sie jeden Anflug von Niedergeschlagenheit mit flammender Begeisterung.

4. Nehmen Sie den Satz von Mark Aurel „Das Leben eines Menschen ist das, was seine Gedanken daraus machen!" als eine Ihrer wichtigsten Orientierungshilfen.

5. Beginnen Sie jeden Tag mit einem kurzen, aber intensiven Programm zu Ihrer „Selbstmotivation".

6. Halten Sie sich bei allen Aufgaben, die Sie anpakken, das Beispiel von Walt Disney und seinen 350 Verkaufsgesprächen vor Augen, und verabschieden Sie sich ein für allemal von halbherzigen Entschlüssen und negativen Denkweisen.

7. Seien Sie ein Optimist, und setzen Sie ein großes Segel für Ihren Erfolg!

8. Sprechen Sie an jedem Tag Ihres Lebens ein lautes und deutliches Ja zur Begeisterung!

9. Erproben Sie Ihren Mut zum kalkulierten Risiko, ohne den ein Wachstum des einzelnen wie eines Unternehmens nicht möglich ist.

10. Tanken Sie täglich Selbstbewußtsein, Entschlossenheit und eine tiefe Freude darüber, daß Sie in diesem herrlichen Beruf des Verkäufers tätig sein können.

# Verkaufen – eine Frage der Persönlichkeit

Haben Sie schon einmal darüber nachgedacht, worauf sich ein Kunde freuen kann, wenn Sie ihn als Verkäufer besuchen? Und dann sind natürlich noch die Fragen zu beantworten: Freuen Sie sich denn auf die Gespräche mit Ihren Kunden? Stehen Sie voll hinter Ihrer Firma und Ihrem Angebot? Können Sie spontan zehn Wettbewerbsvorteile Ihres Angebots nennen? – Wunderbar! – Bleibt noch eine ganz wichtige Frage: Sind Sie stolz auf Ihren Beruf als Verkäufer?

Diese Fragen dürfen Sie nicht überraschen und sollten Sie auch nicht verunsichern. Sie zielen nämlich mitten in den Kern Ihres Erfolgs – oder Mißerfolgs – als Verkäufer. Welches ist der tiefere Grund, warum ein Kunde ausgerechnet bei Ihnen kauft? Und nicht bei Ihren Mitbewerbern von den konkurrierenden Unternehmen, die doch in der Regel qualitativ ganz ähnliche Produkte oder Dienstleistungen zu vergleichbaren Preisen anbieten? Ja, nicht nur deren Preis-Leistungs-Verhältnis ist ebenso günstig wie das, das Sie anzubieten haben. Ihre Mitbewerber bieten zum Teil sogar hohe Rabatte an, um Sie aus dem Markt zu drängen. Warum gelingt es Ihnen trotzdem, immer mehr Neukunden auf sich aufmerksam zu machen, und warum schließt ein großer Anteil dieser Interessenten Verträge lieber mit Ihnen ab? Und warum wenden sich viele dieser Neukunden bereits nach kurzer Zeit wieder an Sie, um Ihnen von sich aus lukrative Aufträge zu erteilen? Woher kommt es, daß Sie nach wenigen Jahren feststellen konnten, daß Sie die Mehrzahl Ihrer Abschlüsse mit Stammkunden tätigen können und Neukunden einen echten Zuwachs für Sie bedeuten?

Auf die Antwort zu all diesen Fragen können Sie mit Recht stolz sein: Der Kunde kauft – und das zeigen sowohl die Erfahrung wie auch gezielte Umfragen der Wirtschaftsinstitute – nicht in erster Linie das Produkt, das Sie anzubieten haben, sondern Ihre phantastische Persönlichkeit. Ja, in der Tat, der Kunde kauft Sie als seinen Verkäufer! Denn in den Augen des Kunden gibt es zwischen dem Unternehmen, für das Sie tätig sind, und dessen Mitbewerbern nur einen überzeugenden Unterschied – und das sind Sie! Der begeisternde Verkäufer!

## Sie selbst sind das beste Argument für einen Auftrag

Dabei erinnere ich mich an ein Erlebnis, das ich vor einigen Jahren in Berlin hatte. Ich wollte mir nach einem Vortrag noch ein wenig die Beine vertreten und schlenderte den Kurfürstendamm entlang. Plötzlich wehte mir der sehr appetitanregende Duft von Currywurst und Pommes um die Nase. Ich beschleunigte meinen Schritt und ging auf eine Currywurstbude zu, vor der eine lange Menschenschlange stand. Die in der Schlange warteten, hatten offensichtlich alle einen Riesenspaß. Der Wurstbrater reichte fröhlich und mit lockeren Sprüchen gewürzt einen Pappteller mit Currywurst nach dem anderen über die Theke – und jedesmal lachte der ganze Pulk. Die Käufer blieben alle in der Nähe stehen, und so schnell dieser Alleinunterhalter vorne bediente, so schnell stellten sich hinten neue Kunden an. So reihte auch ich mich in die Schlange ein und genoß dieses Straßenkabarett.

Zu meiner Überraschung entdeckte ich in weniger als 20 Metern Entfernung eine zweite Currywurstbude, an der ein einziger Kunde gerade wortlos eine Currywurst von der Theke nahm. Aufmerksam betrachtete ich diese

Szene. Der Kunde fragte offensichtlich nach dem Ketchup, worauf der Wurstbrater nur mit dem Kinn in die Mitte der Theke deutete. Sauber war diese Bude anscheinend auch. Da konnte ich keinen Unterschied entdecken. Und sicher war auch das Angebot an Currywürsten und Pommes kaum anders. Wo war also der Unterschied, daß sich um die eine Bude eine fröhliche Menschenmenge versammelte, während an der anderen nur Leute hielten, die es eilig hatten? Es blieb auch keiner stehen. Warum auch. Der Mann hinter der Theke nahm mit ausdruckslosem Gesicht die Bestellung entgegen, erledigte die notwendigen Handgriffe und legte, ohne seine Kunden auch nur anzuschauen, das Gewünschte auf die Glastheke. Die fröhliche Aufforderung „Der nächste, bitte!", die gewissermaßen den Takt angab, konnte er sich sparen, denn bei ihm stand immer nur ein Kunde. Ja, der eine verkaufte Würstchen, und der andere war im Verkaufen ein Würstchen!

## Von Currywurst bis Wolkenkratzer

In dieser Deutlichkeit, die jedem sofort ins Auge sprang, wird der ausschlaggebende Unterschied zwischen Erfolg und Mißerfolg eines Verkäufers im Verkauf von vergleichbaren „Commodities", Finanzdienstleistungen, Lebensversicherungen, Immobilien vom Einzimmerappartement bis zum Wolkenkratzer usw. selten erkennbar. Oder auch in meiner Branche, im Chip-Handel. Warum wenden sich immer mehr Kunden an ce? Woher kommt diese Intensität der Kommunikation? Und warum häufen sich bei uns die E-Mails, die Voice-Mails und die unaufgeforderten Anfragen, die wir stündlich abfragen, während wir auf Reisen sind? Sie zeigen jedem unserer Verkäufer seinen Grad an Beliebtheit an und letzten Endes auch seinen Erfolg und seine Provision.

Dieser Umstand hat seinen ganz einleuchtenden Grund. In einer Marktwirtschaft, in der der Kunde in zunehmendem Maße zwischen einer Vielzahl von globalen Anbietern von mehr oder weniger vergleichbaren Angeboten für ein und denselben Zweck wählen kann, benötigt er mehr als den Vertreter, der nur seinen Bestellblock zückt und aus den Angebotslisten die Warenkodierung notiert.

Auch der Verkäufer, der den Kunden in Grund und Boden redet und ihn mit wohlfeilen Argumenten, die überwiegend aus der Werbe- und Marketingabteilung stammen, niederkämpft und runterzieht, ist endgültig passé. Für den Kunden zählt immer mehr, von wem er seine Ware oder Dienstleistung bekommt und wie er sie bekommt.

Heute mehr denn je brauchen Kunden Verkäufer, die sich laufend auf dem allerneuesten Stand der Information befinden, die ihnen überzeugende Problemlösungen anbieten und gleichsam mit ihrer ganzen Persönlichkeit dafür bürgen, daß sie damit vorrangig dem Nutzen ihrer Kunden dienen wollen.

## Kunden brauchen kompetente Hilfe

Hinzu kommt, daß es für den Kunden immer schwieriger wird, sich in dieser schier unendlichen Flut von neuen Informationen zurechtzufinden. Und das gilt sicher nicht nur für die Elektronikbranche, in der ich mit meinem Unternehmen tätig bin und deren Entwicklung von Beginn an von einer geradezu atemberaubenden Geschwindigkeit ihrer Innovationszyklen bestimmt wurde.

Die Entwicklung des Mikrochips, dieses daumennagelgroßen Siliziumplättchens, das man mit Recht als den Baustein der Zukunft bezeichnen kann, ist nur symptomatisch für die Entwicklung in allen Branchen, die mit Technik zu tun haben. Nehmen Sie nur das Auto. Die

Zahl der elektronischen Systeme, die der aktiven und passiven Sicherheit dienen, wächst ständig. Die Leistungsfähigkeit moderner Mikrocontroller oder Digital-Signal-Prozessoren erlaubt heute im Real-Zeit-Verhalten Lösungen, wie sie vor wenigen Jahren noch undenkbar waren. Und nicht nur im Automobilbau beruht mittlerweile praktisch die gesamte Innovation auf elektronischen Regel- und Steuerungsmechanismen, die Jahr für Jahr an Komplexität zunehmen.

Das hat zur Folge, daß es für den Kunden immer schwieriger wird, sich in der Flut der Informationen alleine zurechtzufinden. Er braucht notwendigerweise den aktuell informierten Verkäufer als Lotsen, wenn er zu einer tragfähigen Entscheidung finden soll. Deshalb wünscht sich der Kunde einen Verkäufer, dem er nahezu blind vertrauen kann, ja, der ihm zu einem echten Partner und sogar zu einem Freund wird.

## Ihr Kunde will Sie

In diesem Bedürfnis nach kompetenter und freundschaftlicher Unterstützung liegt eine riesige Chance für Sie, wenn Sie bereit sind, Ihre Kompetenz, Ihre Gefühle und Ihre Persönlichkeit offen, ehrlich und ohne Raffgier einzubringen. Meine Mitarbeiter und ich haben diese Erfahrung in Hunderten von intensiven Kundenbeziehungen bestätigt bekommen: Wenn Sie Ihrem Kunden wirklich freundschaftliche Sympathie entgegenbringen und ihn dies auch spüren lassen, haben Sie einen entscheidenden Vorteil gegenüber Ihren Mitbewerbern. Selbstverständlich kann und darf Sympathie nicht das fundierte Fachwissen ersetzen. Die echte Zuneigung zum Kunden setzt sogar voraus, daß ich auch fachlich besser bin als meine Mitbewerber und ich ihm mehr und aktuellere Informationen anbieten kann als sie.

Dieses Interesse an meinen Kunden und die echte Freundschaft zu ihnen schließt ähnlich wie auch im privaten Bereich ein, daß ich die Unternehmensstruktur meiner Kunden und ihre persönlichen Interessen besser kenne als irgend jemand anders. Wie würden Sie in diesem Punkt sich selbst und Ihr eigenes Verhältnis zu Ihren Kunden einschätzen? Wie aufmerksam sind Sie Ihren Kunden gegenüber? Wenn es zu Ihrem Selbstverständnis als Verkäufer gehört, Ihrem Kunden ein aktiver Partner zu sein, dann können Sie sicher für jeden Ihrer wichtigsten Kunden in Gedanken spontan die Frage beantworten: „Welches sind die zehn positivsten Merkmale jedes einzelnen dieser Kunden?“ Wenn Ihnen das ohne Zögern gelingt, sind Sie wirklich auf dem besten Weg, ein Top-Verkäufer zu werden. Gratuliere!

## Vorsicht, Kunde droht mit Auftrag

Sollten Sie von dieser Kundennähe jedoch noch ein gutes Stück entfernt sein, müssen Sie sich ernsthaft die Frage stellen, was Sie daran hindert, sich offen, ehrlich und herzlich für Ihre Kunden zu interessieren und sich mit ihnen freundschaftlich auseinanderzusetzen.

Ich bin im Laufe meiner vielen Jahre als Verkäufer Hunderten von Kollegen begegnet, die regelrecht Angst vor ihren Kunden hatten. Sie mußten sich nicht nur für jedes Telefonat mit Kunden regelrecht einen Stoß geben. Man mußte sie förmlich ins Auto setzen und ihnen sagen: „Du fährst jetzt zum Kunden!“ Wie gesagt, ein Mensch, der nicht darauf brennt, rauszugehen und Kunden zu besuchen, dabei Freude an diesen Begegnungen auszustrahlen und in aktiver Partnerschaft mit seinen Kunden Erfolge zu erarbeiten, der ist besser als Vertriebsmitarbeiter im Innendienst aufgehoben.

Diese Scheu hat meistens zwei Gründe: Da ist zum einen mangelndes Selbstvertrauen zu nennen, das sich am besten dadurch beheben läßt, daß man jede Gelegenheit nützt, um mit Kunden in Kontakt zu treten. Und da sind zum anderen mangelnde Kompetenz, mangelndes Fachwissen und ein Mangel an aktuellen Informationen! Für diesen Mangel, der häufig auch der tiefere Grund für das mangelnde Selbstvertrauen ist, gibt es ein einfaches, aber ziemlich anstrengendes Hilfsmittel, und das heißt ganz einfach, täglich mit viel Fleiß und Ausdauer zu lernen!

Eines gilt es jedenfalls festzuhalten: Für einen echten Verkäufer gibt es nichts Schöneres, als seine Kunden zu besuchen!

## Die Grundtypen des Verkäufers

In meiner langjährigen Beobachtung von Verkäufern haben sich für mich fünf Typen von Verkäufern herauskristallisiert. Das ist fünftens und letztens der „Hausierer“, der seine Hauptaufgabe darin sieht, ein Produkt an den Kunden zu bringen, ob dieser es braucht oder nicht und ob er es will oder nicht. Das ist der Typ von Verkäufer, von dem ich bereits gesagt habe, daß er – Gott sei Dank – durch den Wandel der Einkaufsgewohnheiten im Aussterben begriffen ist.

Da ist viertens der Charmeur. Er verkauft beinahe ausschließlich über seinen vermeintlich unwiderstehlichen Charme. Er überzeugt – oder besser: er blendet – schlecht informierte Kunden, indem er sie charmant umgarnt, einseift, abledert oder wie immer man das nennen mag. Sein Charme dient ihm hauptsächlich dazu, seinen Mangel an aktuellem Fachwissen zu kaschieren. Er neigt auch dazu, in versteckten Andeutungen die Produkte und Leistungen seiner Mitbewerber in ein ungünstiges Licht zu setzen. Es ist tröstlich zu sehen, daß auch dieser Typ von Verkäufer in zunehmendem Maße an Kunden scheitert, die einfach besser informiert sind als er.

Typ Nummer drei ist das wandelnde Bestellformular. Er hakt einen Kunden nach dem anderen ab, weiß, wo welche Informationen in den Warenkatalogen oder Bedienungsanweisungen stehen, und verhält sich ansonsten eher passiv. Er liebt die Kunden, die selbst am besten beurteilen können, was sie benötigen, und die das Produkt, das er anzubieten hat, auf alle Fälle ordern müssen. Einer intensiveren Auseinandersetzung mit seinen Kunden geht er tunlichst aus dem Weg, da er fürchtet, zuviel Zeit mit „unproduktiven Unterhaltungen" zu verlieren. Er fürchtet allerdings auch, daß sein Mangel an Hintergrundwissen, an Phantasie und Kreativität zutage treten könnte. Den Gipfel an Interaktion bedeutet für ihn ein Anruf, ob die Ware auch tatsächlich beim Kunden eingetroffen ist. Ernsthaft interessiert ihn das allerdings nur im Hinblick auf die mit seiner Buchhaltung abzurechnende Provision.

Einen guten Schritt weiter ist die Nummer zwei: der Durchschnittsverkäufer. Er verfügt durchaus über eine angenehme Persönlichkeit. Er kennt seine Kunden und kann deren Bedürfnisse einigermaßen richtig einschätzen. Auch das Produktwissen, das er ins Feld führen kann, entspricht den Erwartungen seiner Kunden. Er kombiniert konventionelle Verkaufstechniken mit einem menschlich sympathischen Interesse an seinen Kunden. Was ihm fehlt, sind Phantasie und Kreativität, eine durchsetzungsfähige Persönlichkeit, Führungstalent und vor allem Charisma. Falls er das Glück hat, in jüngeren Jahren auf einen Verkaufsleiter zu treffen, der seine Fähigkeiten erkennt und ihn mit Motivation und Begeisterung „impft", kann er durchaus ein guter zweiter Mann werden.

## Meine Vorstellung vom Top-Verkäufer

Kommen wir nun zur Nummer eins, dem Vollprofi und Top-Verkäufer. Er erweitert seinen Beruf um eine neue Dimension, indem er seinen Kunden beweist, daß er ihnen ungewöhnliche Lösungen für spezifische Probleme anzubieten hat. Sein oberstes Ziel lautet, auch die kompliziertesten Wünsche seiner Kunden bestmöglich zu erfüllen. Er zeigt seinen Kunden die Vorteile seiner Produktlinien, Dienstleistungen und komplexen Lösungen auf, indem er gezielt Probleme aufgreift, auf die sie möglicherweise selbst noch gar nicht gestoßen sind. Er ist der ideale Problemlöser.

Dieser Profi tut gewöhnliche Dinge auf ungewöhnliche Art und Weise. Er spürt intuitiv die Emotionen, die beim Verkauf am Werke sind, und er geht flexibel, kreativ und vor allem intuitiv und innovativ mit Problemen um. Wie ein guter Arzt, der den menschlichen Körper und seine Funktionsweisen ganz allgemein kennt und der sich dabei das Interesse und die Zielsetzung bewahrt hat, jeden Patienten ganz individuell zu behandeln.

## Der Top-Verkäufer ist ein Top-Manager

Betrachtet man die Gesamtpalette der Fähigkeiten, die ein Top-Verkäufer vorweisen muß, so drängt sich unweigerlich der Begriff des Managers auf. Ja, er beweist, daß der hochqualifizierte Beruf des Verkäufers Fähigkeiten erfordert, die in ihrer Bedeutung denen eines Managers in nichts nachstehen. Der Top-Verkäufer ist eine absolute Führungspersönlichkeit. Er verfügt über eine ungewöhnlich starke Ausstrahlung und eine ausgeprägte Kontaktfähigkeit. Sein topaktuelles Produktwissen basiert auf einem breit angelegten, branchenübergreifenden Fachwissen.

Seine fundierte Allgemeinbildung macht ihn zu einem geachteten Gesprächspartner von Experten aller möglichen Fachrichtungen. Für ihn gilt als oberste Maxime seines Handelns absolute Loyalität und Ehrlichkeit sowohl gegenüber seinem Unternehmen wie auch seinen Kunden. Er ist sich der Tatsache bewußt, daß mehr denn je von seinen Entscheidungen und vor allem von seinen Erfolgen im wesentlichen das Wachstum seines Unternehmens abhängt.

## Das Persönlichkeitsprofil des Top-Verkäufers

Für einen Top-Verkäufer ist der Beruf Berufung und paßt genau zu seinen Vorlieben und persönlichen Neigungen. Ein Top-Verkäufer ist sympathisch und agiert über aller fachlichen Kompetenz auf der emotionalen Ebene. Ein Top-Verkäufer will permanent besser werden. Er arbeitet ständig an sich und treibt sich beruflich wie im persönlichen Bereich selbst zu Verbesserungen an. Er verfügt über eine außergewöhnliche psychische Energie, Spannkraft und Ausdauer. Er ist zielgerichtet und dabei im Vertrauen auf sein Können und auf seine Überzeugungskraft dennoch locker. Auftauchende Schwierigkeiten fordern seine Willenskraft, seine Hartnäckigkeit, Initiative und Ausdauer heraus. Er gibt niemals auf, ehe er nicht alle denkbaren Wege zu Ende gegangen ist. Das ist für sein Erfolgsbewußtsein eine schlichte Selbstverständlichkeit.

# Warum Top-Verkäufer detailbesessen sind

Top-Verkäufer gönnen sich niemals Ausreden, sondern haben immer Lösungen. Diese Lösungen peilen sie soweit wie möglich im voraus an. Top-Verkäufer denken an jedes mögliche Detail, das zu einem Problem und damit zu einer Niederlage werden könnte, und planen eine Lösung dafür. Das ist der wahre Grund, warum Top-Verkäufer detailbesessen in der Planung sind.

Dazu fällt mir ein unvergeßliches Gegenbeispiel ein. Als ich noch in der Schweiz für einen Konzern als Kaufmännischer Direktor für die Auslandsniederlassungen zuständig war und sozusagen als Troubleshooter arbeitete, hatte ich einen Mann, der sollte die örtliche Vertretung unseres Konzerns in Nigeria besuchen und mit dem Leiter dieser Vertretung ausführlich besprechen, was der in dem verbleibenden Kalenderjahr noch abnehmen würde, da wir auf eine Engpaßsituation zusteuerten. Die wollten wir durch exakte Produktionsplanung einigermaßen in den Griff bekommen. Dieser Mann kam nach zwei Tagen schlecht rasiert und schlecht gelaunt unverrichteter Dinge zurück – mit der unglaublichen Ausrede, er habe kein Hotel gefunden. Ein Verkäufer, der losfährt, ohne das geregelt zu haben, ist schon nicht top. Ein Verkäufer, der an Ort und Stelle keine Möglichkeit findet, dieses Problem zu lösen, und sei es mit Hilfe der Kunden, die er besuchen soll, der sollte sich schleunigst einen anderen Beruf suchen. Soviel zur vorausschauenden Vermeidung von Niederlagen!

Wenn eine Niederlage dennoch unvermeidlich wird, sieht ein Top-Verkäufer dies als eine besondere Herausforderung an seine Lernbereitschaft und begegnet ihr mit außergewöhnlichen Leistungen. Gerade im Durchstehen von Rückschlägen stärkt er sein Selbstbewußtsein. Keinesfalls läßt der Top-Verkäufer zu, daß durch unvermeidliche Niederlagen sein positives Selbstbild gestört wird. In Zeiten normaler Beanspruchung sieht er in seiner Zeiteinteilung genügend Freiräume für seine Erholung und die Pflege seiner Gesundheit vor, wobei er diese Freiräume gleichzeitig für die Pflege privater Freundschaften und Kontakte nutzt.

## Eine gewinnende Persönlichkeit

Ein Top-Verkäufer verkörpert den Typ Mensch, der überall gerne gesehen ist. Er hat eine gewinnende Persönlichkeit, ein selbstbewußtes und gleichzeitig bescheidenes Auftreten. Er verbindet Ausstrahlung und menschliche Wärme mit einem regen Interesse für seine Mitmenschen.

Der Top-Verkäufer verfügt über ein hohes Maß an produktiver Phantasie und Kreativiät. Wo zum Beispiel Ingenieure rein technische Lösungen anbieten, hat er Lösungen im Auge, die die technische Machbarkeit mit dem größtmöglichen Kundennutzen und allgemeiner Akzeptanz auf dem Markt verbinden.

Fleiß, Ausdauer und Disziplin verbindet er mit der Fähigkeit, seine gesamte Aufmerksamkeit auf die Lösung einer anstehenden Aufgabe zu konzentrieren. Seine überragende Durchsetzungsfähigkeit ermöglicht es ihm, alle zur Verfügung stehenden Kräfte auf die erfolgreiche Erledigung einer Aufgabe zu fokussieren. Dabei gelingt es seinem natürlichen Charme, notfalls Mitarbeiter aus konkurrierenden Abteilungen zu einem Arbeitsteam zusammenzuspannen.

## Ein Top-Verkäufer denkt immer positiv

Ein Top-Verkäufer hat als Kern seines Wesens ein sehr positives Bild seiner eigenen Persönlichkeit.

Ein negatives Selbstbild, geringe Selbstachtung, mangelndes Selbstvertrauen und Minderwertigkeitskomplexe, Antriebsschwäche – all das sind Haltungen, die ein Top-Verkäufer bei sich nicht einmal in Ansätzen zuläßt. Rückschläge, Mißerfolge und Niederlagen betrachtet ein Top-Verkäufer ausschließlich als wichtige Phasen innerhalb eines Lernprozeses, dessen Ziel er sehr genau kennt. Für einen Top-Verkäufer sind Niederlagen immer Wegweiser an der Straße zum Ziel. Mit dieser Einstellung formuliert er auch die Fragen an sich und an sein Leben. Es käme einem Top-Verkäufer nie in den Sinn, nach einer Niederlage zu fragen: „Warum passiert das immer nur mir?", weil er weiß, daß diese rückwärts gewandten Fragen alle zukünftigen Erfolgsmöglichkeiten zunichte machen.

Ein Top-Verkäufer stellt immer Zielfragen, d.h. Fragen, die ihn seinem Ziel näher bringen, indem sie Hindernisse beseitigen helfen. Top-Verkäufer gehören nämlich zu den fünf Prozent der Menschen, die Ziele haben. Das verbietet ihnen die weitverbreitete Angewohnheit, über Rückschläge ins Grübeln zu geraten. Ein Top-Verkäufer weiß, daß Grübeln das Gegenteil einer erfolgreichen Vorwärtsstrategie darstellt. Für ihn verlangen Niederlagen als Antwort ausschließlich eine lösungsorientierte Analyse sowie Entscheidungen und zukunftsorientiertes Handeln.

Aus dieser Einstellung resultiert, daß der Top-Verkäufer keine Angst vor dem Versagen hat. Er läßt sich von Rückschlägen niemals entmutigen. Er weiß, daß wahre Größe nur entstehen kann, wenn man ohne Angst vor Niederlagen ständig mit anspruchsvollen Aufgaben ringt. Ein Top-Verkäufer weiß, daß Rückschläge erst dann zu echten Niederlagen werden, wenn man sich von ihnen entmutigen läßt, wenn man zuläßt, daß sie das Selbstvertrauen zerstören und Zukunftsangst erzeugen. Leider ist diese positive Grundeinstellung gegenüber Rückschlägen nicht sehr weit verbreitet. Das ist der Grund dafür, daß so wenige Menschen wirklich erfolgreich sind.

## Der richtige Umgang mit Kritik

In diesen Bereich gehört auch der Umgang mit Kritik. Wenn Sie eine Spitzenposition erreichen wollen, sollten Sie nicht nur die richtige Einstellung zu den unvermeidlichen Rückschlägen finden. Sie müssen auch den richtigen Umgang mit der Kritik lernen. Die Kritik, die Sie als Person oder die ihre Ausführungen trifft, können Sie nicht ohne weiteres beeinflussen, wohl aber Ihre Einstellung dazu. Sie können sich frei entscheiden, welche Sichtweise Sie wählen.

Es ist viel effektiver, kritische Äußerungen als etwas Konstruktives zu sehen, als sich darüber zu ärgern. Diese distanzierte Einstellung zur Kritik betrifft sicherlich auch die Art und Weise, wie diese Kritik geäußert wird. Auch darauf haben Sie keinen Einfluß. Sie haben nur darüber die Kontrolle, wie Sie die Kritik aufnehmen. Mit der Kritik verhält es sich wie mit Problemen. Probleme sind nicht per se positiv oder negativ. Es liegt einzig und allein an Ihnen, wie Sie an Probleme herangehen. Kleine Probleme bergen kleine Chancen, große Probleme bergen große Chancen. Das wichtigste ist, daß Sie vor Ihren Problemen nicht davonlaufen.

Mit Ablehnung und Kritik verhält es sich ebenso. Das sind alles Ereignisse, die außerhalb Ihrer Kontrolle liegen und positiv oder negativ betrachtet werden können. Selbstverständlich mußte auch ich erst lernen, in dieser

Weise mit teils ätzender Kritik und scharfer Ablehnung fertig zu werden. Aus dieser Erfahrung heraus kann ich Ihnen jedenfalls eines prophezeien: Je erfolgreicher Sie werden, um so weniger haben Kritik und Ablehnung noch mit Ihrer tatsächlichen Person zu tun. Das gilt um so mehr, wenn Sie sich einmal in den Ausstrahlungsbereich der Medien begeben haben. Dann entfernt sich Kritik immer mehr von ihrem Ausgangspunkt.

## Meine persönliche Erfahrung mit Kritik

Ob als Verkäufer, als Fernsehmoderator, als Seminarleiter oder auch als Redner – es gibt immer einen bestimmten Prozentsatz von Menschen, die auf mein Hauptthema der Motivation negativ reagieren. Wie soll ich damit umgehen? Mich wie ein zu Unrecht gescholtenes Kind beleidigt zurückziehen in den Schmollwinkel? Das würde meiner grundsätzlichen Lebenseinstellung total widersprechen. Als Verkäufer – und als solcher fühle ich mich auch in diesen genannten Bereichen, in denen ich mit Begeisterung tätig bin – bin ich gewohnt, Probleme anzupacken und mich den selbstgestellten Aufgaben zu verpflichten und sie auch dann zu erledigen, wenn Kritik aufkommt.

So wurde ich vor nicht allzu langer Zeit von einem Organisator von Motivationsveranstaltungen händeringend gebeten, für seine Klientin, eine bekannte Seminarleiterin und Buchautorin, einzuspringen und den Festvortrag vor etwa 500 Seminarteilnehmern zu halten. Die Dame war nach seiner Auskunft gesundheitlich so angeschlagen, daß sie kaum noch ihren Wohnwagen verlassen konnte, geschweige denn einen Vortrag halten. Diese Bitte kam mir insofern nicht sehr gelegen, als ich in den verbleibenden zwei Tagen kaum Gelegenheit hatte, mich auf ein weiteres großes Thema vorzubereiten und ich bei dieser Veranstaltung ohnehin einen größeren Programmpunkt zu bestreiten hatte. Wir beschlossen deshalb, beides zusammenzulegen und einen längeren Vortrag daraus zu machen.

## Auf die Auswahl kommt es an

Ich hielt also meinen Vortrag, und wie ich nach meiner Interpretation der Körpersprache von 500 Menschen ablesen konnte, war der überwiegende Teil der Zuhörer sehr angetan bis begeistert. Der motivierende Applaus entsprach durchaus meinem subjektiven Eindruck. Doch was geschah dann? Besagter Organisator übersandte mir einige Wochen später eine Reihe von Fragebögen, auf denen die Teilnehmer ihre Beurteilungen festgehalten hatten. Es handelte sich ausschließlich um Kommentare kritischen bis ablehnenden Charakters, etwa 50 an der Zahl. Und mit dieser Negativauswahl sollte begründet werden, warum er mir das für diesen Vortrag vereinbarte Honorar nicht zahlen wollte.

Diesen Punkt klärte ich mit einem deutlichen Telefonanruf. Aber auch die Auswahl an negativer Kritik konnte mich nicht davon überzeugen, daß das nicht eine gelungene Veranstaltung war. Wie gesagt, es wird immer und überall Menschen geben, die meine Offenheit und vielleicht auch meine Begeisterung für meine Themen nicht mögen. Warum sollte ich solchen Zurückweisungen einen höheren Stellenwert einräumen als der Sympathie, die mir andererseits bei derselben Veranstaltung entgegengebracht wurde? Ich kann ganz ohne Groll feststellen, daß dieser Veranstalter meine Sympathiewerte ganz gehörig unterschätzt hat. Heute kommen viele seiner ehemaligen Kunden zu meinen Seminaren.

## Zwei Seiten einer Medaille

Wir Verkäufer wissen durchaus, daß gelegentliche Ablehnungen ebenso zum Verkaufen gehören wie die Erfolge. Betrachten Sie die Ablehnungen, die Sie als Verkäufer erleben, einmal aus wirtschaftlicher Sicht! Wie viele Mißerfolge kommen auf einen Erfolg? Sie werden schließlich nicht nur für Ihre Erfolge bezahlt, sondern auch dafür, daß Sie nach Mißerfolgen weiter entschlossen am Ball bleiben.

Wer nicht schon große Mißerfolge erlebt hat, kann nur selten große Erfolge verzeichnen. Erfolg und Mißerfolg liegen eben eng beieinander. Im übrigen scheint es beinahe ein Naturgesetz zu sein, daß am Anfang jedes großen Erfolgs meistens ein großer Mißerfolg steht, der mit Ausdauer und Zielstrebigkeit überwunden wurde.

Lassen Sie sich also bitte nicht beirren. Lernen Sie aus Ihren Problemen. Entwickeln Sie sich weiter, wenn Sie abgelehnt und kritisiert werden. Verwandeln Sie alles, was Ihnen passiert, in positive Entwicklungschancen, und denken Sie immer an den Spruch: Ein Versager ist nur der, der vorzeitig aufgibt! Geben Sie also nie auf!

## Mut und Beharrungsvermögen führen zum Ziel

Ein Top-Verkäufer muß wie jeder Mensch, der Spitzenpositionen anstrebt und eine dementsprechende Verantwortung übernommen hat, eine Tugend in ganz besonderem Maße pflegen und wachsen lassen – das ist der Mut. Winston Churchill, einer der größten Staatsmänner des 20. Jahrhunderts, sagte über den Mut, daß das die wichtigste Tugend sei, da vom Mut und vom Beharrungsvermögen alles andere abhängt. Von Churchill wird auch diese unglaublich starke Anekdote erzählt, daß er in hohem Alter einmal nach Oxford eingeladen wurde, um vor den Studenten über das Geheimnis seiner Erfolge einen Vortrag zu halten. Hunderte von Studenten und Professoren waren gekommen, um den großen alten Mann zu erleben. Und Churchill stand nach einer längeren Begrüßungsrede, in der seine Verdienste überschwenglich gelobt wurden, auf, ging langsam zum Rednerpult und sagte zu der gespannt wartenden Menge nur diesen einen Satz: „I never, never, never gave up!" Dann schritt er langsam zu seinem Platz zurück und setzte sich, während seinen verdutzten Zuhörern erst langsam dämmerte, daß sie Zeugen eines wirklich historischen Auftritts geworden waren. Ich glaube, ein zweistündiger Vortrag hätte nicht annähernd so eindrucksvoll die Bedeutung dieser Aussage herausstellen können.

Ja, Mut – das sind die drei Buchstaben, die alles entscheiden! Mut ist mit Sicherheit eine der wichtigsten Voraussetzungen für Ihren Erfolg. Wer keinen Mut hat, ist gezwungen, sein Leben nach dem Willen anderer zu gestalten. Ängstliche leben das Leben, das ihnen andere zugestehen. Mutige formen die Wirklichkeit nach ihren Visionen!

## Mut gegen Angst vor Kritik

Zu einem selbstbestimmten Leben, in dem man eigene Ziele verwirklichen will, gehört auch der Mut zur eigenen Meinung. Das schließt den Mut mit ein, nicht in vorauseilendem Gehorsam immer dem Egoismus der anderen nachzugeben. Die meisten Menschen fürchten sich vor selbständigem Denken und damit vor eigenen Zielen, weil sie sich vor Kritik fürchten. Wenn Sie sich zum Ziel gesetzt haben, im Verkauf eine Spitzenposition einzunehmen, dann haben Sie sehr viel Entscheidungsfreiheit, aber auch einen entsprechenden Entscheidungsdruck.

Überprüfen Sie deshalb immer wieder, ob Ihr Mut ausreicht, um die Angst vor falschen Entscheidungen und vor Kritik zu überwinden. Wenn Sie sich nur das zutrauen, was Ihnen andere freiwillig zugestehen, müssen Sie Ihren Mut einfach noch kräftig trainieren. Sie müssen auch lernen, negative Bilder zu ertragen, die sich weniger erfolgreiche Mitbewerber innerhalb und außerhalb Ihres Unternehmens von Ihnen machen. Ja, seien Sie sich immer der Tatsache bewußt: „Nicht der Mut ist Ihr Gegner, sondern Ihre Angst!"

Der Kritik mit Selbstvertrauen zu begegnen und seine eigene Meinung mit aller Selbstverständlichkeit und Klarheit zu behaupten sind wesentliche Merkmale einer Führungspersönlichkeit. Das ist gelegentlich sehr unbequem, aber diese Unbequemlichkeit muß man ertragen. Ich habe nie zugelassen, daß andere für mich denken. Und ich bin heute mehr denn je davon überzeugt, daß diese geistige Unabhängigkeit zu einem großen Teil meinen Erfolg ausgemacht hat.

So habe ich, wie bereits in meinem ersten Buch „Mr. Chip" nachzulesen ist, meine Karriere entscheidend dadurch gefördert, daß ich immer wieder Mißstände und Fehlentwicklungen in der deutschen Wirtschaft offen angesprochen habe. Ich mußte mich zusätzlich auch gegen den Spott und die Herablassung derer wehren, die das Glück hatten, von ihren Eltern auf das Gymnasium und die Universität geschickt worden zu sein. Meine Karriere war ein Hürdenlauf, gewonnen durch eigenen Mut, eine eigene Meinung, eigenen Fleiß, eigenen Erfolg! Das veranlaßt mich zu dem dringenden Rat: Suchen Sie nie bequeme Lösungen. Verlassen Sie die breiten Trampelpfade der Elefantenherden, die immer nur in eine Richtung führen. Ein Top-Verkäufer – genauso wie ein Top-Manager – sucht immer zukunftsweisende, ja visionäre

Lösungen! – Wetten, daß auch Sie mit diesen „Eigenschaften“ ein Top-Verkäufer werden?

## Selbstvertrauen schafft Vertrauen!

Angst ist ein ganz großer Energieabsauger und Erfolgsverhinderer im Beruf wie im Privatleben. Deshalb möchte ich Ihnen ganz fest ans Herz legen: Stärken Sie Ihren Mut und damit Ihr Selbstvertrauen und Ihr Selbstbewußtsein. Mut kreiert Erfolge!

Ich weiß, daß es manchmal sehr viel Mut braucht, zum Beispiel große und erfolgreiche Menschen anzurufen, mit ihnen Termine zu vereinbaren und dann als ein weitestgehend Unbekannter einem Menschen gegenüberzusitzen, der beinahe täglich zu allen wichtigen Wirtschaftsfragen zitiert wird. Ich hatte ein langes Gespräch mit Dr. Alfred Herrhausen, dem ehemaligen Vorstandsvorsitzenden der Deutschen Bank, dessen früher Tod mich immer schmerzt, wenn ich an ihn denke. Ihm hatte ich 1983 in seinem Büro hoch über Frankfurt gegenübergesessen, um ihm über die Revolution der Arbeitswelt durch die Mikrochips zu berichten.

## Mut bringt ein Wachstum an Selbstvertrauen

Für dieses Gespräch mußte ich meinen ganzen Mut zusammennehmen. Anfänglich schlotterten mir die Knie, und ich hatte eine belegte Stimme. Aber gerade in diesem Gespräch wuchs mein Selbstvertrauen – durch den Mut, daß ich mich in diese Situation begeben hatte. Er bestärkte mich auch in meinem Mut, meine Aufklärungskampagne für die Bedeutung der Mikrochips fortzuführen. Dr. Herrhausen gab mir einen Satz mit auf den Weg, der mir oft Mut machte, wenn ich von großen Industrieunternehmen vor die Alternative gestellt wurde, entweder den Mund zu halten oder keine Aufträge mehr zu bekommen. Dr. Herrhausen sagte: „Herr Lejeune, geben Sie nie Ihre Vision auf. Sie werden Ihr Ziel erreichen!" – Vertrauen Sie darauf, daß Ihr Mut durch mutige Menschen bestärkt wird, denen Sie nur begegnen, wenn Sie selbst Mut beweisen!

Ja, diesen Mut können auch Sie schrittweise schulen, indem Sie nämlich immer genau das tun, was Ihnen Angst bereitet. Probieren Sie es aus. Rufen Sie den Firmenchef des Unternehmens an, in dem Sie bisher immer nur mit einem Sachbearbeiter verhandelt haben. Dafür müssen Sie neben ein bißchen Mut natürlich auch die Inhalte parat haben, weil Sie sonst der Mut verläßt. Und was tun Sie, wenn diese Mutprobe beim ersten Mal schiefgeht? Sie probieren es immer wieder, so lange, bis es klappt. Top-Verkäufer haben keine warmen und weichen Kuschelecken, in denen neben den leicht errungenen Siegen die Wollmäuse einschläfernder Routine wachsen.

## Mit Mut ins Ausland

Wissen Sie, daß nach Umfragen über 40 Prozent aller Menschen in Europa ihren Urlaub im eigenen Land verbringen, weil sie Angst haben, alleine in eine Region zu fahren, deren Sprache sie nicht sprechen? Ja, ich gebe zu, daß auch ich ein ziemlich mulmiges Gefühl hatte, als ich vor vielen Jahren für einen Schweizer Konzern auf Weltreise ging – mit Englischkenntnissen, die ich mir wenige Wochen zuvor in einem Crashkurs in England angeeignet hatte. Auf dieser Reise habe ich gelernt, meine Angst vor Unterhaltungen in einer fremden Sprache zu überwinden. Kurze Zeit später wurde ich sogar so mutig, in Japan, wo ich nicht ein einziges Schriftstück lesen konnte, mit Hilfe eines Anwalts eine Firma zu gründen.

Im Silicon Valley mußte ich, wenn ich direkt von den Produzenten kaufen wollte, als ein Nobody zu Firmen wie AMD und Intel gehen, mein Konzept erklären und fragen, ob sie mich belieferten. Dazu gehörte der Mut, sein Anliegen in einer fremden Sprache zu formulieren. Doch die Antwort war meistens: „Why not!“ Ich muß dazusagen, daß ich auf diese Menschen mit der fröhlichen Zuversicht zuging, meinen Liefervertrag zu bekommen. Die Vorstellung, daß ich scheitern könnte, habe ich einfach ausgeschaltet. Ich konnte sie mir auch gar nicht leisten. Meine Reisen wurden nicht von einem großen Konzern bezahlt. Ich mußte sie durch entsprechende Erfolge selbst finanzieren. Das gab mir Mut und die nötige Haltung.

Die Überwindung der vielen kleinen und großen Ängste ist ein unausweichliches Training auf dem Weg zu großen Erfolgen!

## Mut als Existenzfrage

Manche Menschen meinen, ihren Mut beweisen zu müssen, indem sie über Glasscherben oder glühende Kohlen laufen, an Gummibändern von Brücken springen oder sich in reißende Gebirgsbäche abseilen. Die Mutproben, die ich durchzustehen hatte, waren ganz anderer Natur. Ich denke zum Beispiel an einen Millionenauftrag, den wir von einem deutschen Großkonzern erhalten hatten und in unserem üblichen Back-to-back-Verfahren als festen Auftrag an einen unserer Lieferanten weitergegeben hatten.

Nach der ersten oder zweiten Lieferung erhielten wir einen Anruf, daß dieser Auftrag leider storniert werden müsse. Wenn wir dem nicht zustimmen würden, bekämen wir nie wieder einen weiteren Auftrag. Das bedeutete nicht mehr und nicht weniger, als daß die Existenz unseres Unternehmens auf dem Spiel stand, da wir unsererseits per Vertrag verpflichtet waren, die bestellte Ware abzunehmen.

Wir waren wirklich in einer höchst kritischen Situation. Dennoch rang ich mich dazu durch, Mut zu zeigen. Wir verweigerten die Annahme des Stornos, und ich wandte mich an die Konzernleitung. Ja, tatsächlich bekamen wir recht und konnten die Lieferung durchziehen. Das stärkte meinen Mut natürlich ungemein, und künftig war der verständliche Fluchtreflex in ähnlichen Situationen sehr viel schwächer!

## Mut braucht Ziele

Mut bedeutet für einen Top-Verkäufer oder Manager, mit Verstand kalkulierbare Risiken einzugehen. Mut heißt, die Gefahren einer Unternehmung zu kennen und die Angst vor dem möglichen Scheitern zu überwinden. Diesen Mut bekommt man aber nur, wenn man ein Ziel vor Augen hat. Ich scheue mich nicht zu sagen, daß ich meinen Mut auch aus meinem Glauben schöpfe. Ich glaube zunächst an mich selbst und an meine Energie, Phantasie und Intuition. Ich glaube darüber hinaus an Selbstverständlichkeiten, zum Beispiel, daß jeden Morgen die Sonne aufgeht. Dieser Glaube an Selbstverständlichkeiten verhindert bei mir jeglichen Pessimismus. Und ich glaube an Gott und die Tatsache, daß ich in seiner Obhut stehe.

Dieser Glaube gibt mir auch den Mut, ständig Türen zu öffnen. Als Verkäufer kennen Sie die Situation, daß Sie immer wieder vor verschlossenen Türen stehen, die einem der Wettbewerb vor der Nase zugeschlagen hat oder für die man einfach nicht den passenden Schlüssel hat. Für viele Menschen gibt es natürlich auch die Türen, die weit offen stehen, vor denen sie aber nicht den Mut aufbringen, hineinzugehen. Ich glaube sogar, daß diese Situation am häufigsten ist. Wie viele Menschen stehen vor riesigen Chancen und haben einfach nicht den Mut, sie wahrzunehmen!

Das sind Ihre Chancen, wenn Sie den nötigen Mut aufbringen! Also suchen Sie sich große Herausforderungen, denn Leben heißt immer kämpfen und sich täglich verändern. Nur mit Mut können Sie Ihr Leben selbständig gestalten. Dem Mutigen gehört die Welt! Und bedenken Sie eines – noch nie war dieser Satz derart reale Wirklichkeit wie heute: Einem mutigen Top-Verkäufer steht heute tatsächlich eine globale Karriere offen!

## Wie entwickle ich meine Persönlichkeit?

Es ist in meinem Buch „So verkaufen Sie sich reich“, mit dem ich Sie auf dem Weg zum Top-Verkäufer begleiten möchte, immer wieder die Rede vom Besserwerden auf allen möglichen Gebieten und von Ihrer Entwicklung zu einer überzeugenden Persönlichkeit. Zu Recht fragen Sie mich: „Wie soll denn das vor sich gehen? Wie entwickle ich mich aus meiner heutigen Position heraus, die vielleicht irgendwo im Mittelfeld liegt, zu einem Menschen, der ein großes Repertoire an Kenntnissen und Fähigkeiten hat und der zudem noch über so unwägbare Dinge wie Ausstrahlung, Charisma, Intuition und eine nahezu magische Überzeugungskraft verfügt?“

Der wichtigste Ausgangspunkt für jede Verbesserung ist natürlich Ihr Ziel, auf das Sie zugehen wollen. Da persönliche Entwicklungsziele so unterschiedlich sind wie der Fingerabdruck jedes einzelnen Menschen, kann ich mich, was die Zielfindung anbelangt, nur wiederholen: Sie müssen Ihr Ziel selbst finden. Es muß hundertprozentig zu Ihrer Persönlichkeit passen, und vor allen diesbezüglichen Überlegungen sollte Ihnen klar sein, daß es ohne Ziel keine positive Entwicklung geben kann. Ohne Ziel kein Erfolg. Erfolge kann man nur an Zielen messen!

## Bestandsaufnahme

Im Hinblick auf Ihr Ziel ist es notwendig, daß Sie ganz offen, ehrlich und ohne Selbstvorwürfe Ihr Leben und Ihre Persönlichkeit abfragen und festhalten: „Wo muß ich mich verändern, wenn ich mein selbstgestelltes Ziel erreichen will?" Diese Fragen sollten sich natürlich nicht nur auf Ihre beruflichen Fähigkeiten beziehen. Der private Bereich hat einen ebenso hohen Stellenwert in Ihrer persönlichen Entwicklung. Vor allem kann der private Bereich Ihre berufliche Entwicklung in ungeahntem Maße fördern – oder, wenn er im argen liegt, behindern, ja sogar unmöglich machen.

Ihre persönliche Bestandsaufnahme können Sie in drei Worten zusammenfassen, die den Kern der griechischen Philosophie bilden. Sie lauten ganz einfach: „Erkenne dich selbst!" Diese Aufforderung stellt einen ungeheuren Anspruch an uns und unsere Persönlichkeit. Das ist kein Auftrag, den man sich für einen Tag vornimmt und dann ein für allemal abhakt. Das ist eine lebenslange Aufgabe, der ich mich täglich von neuem stellen muß. Die Antwort darauf gibt mir mein Gewissen, meine Umgebung und in Summe mein ganzes Leben!

## Täglich besser werden

Wir neigen alle dazu, Verbesserungen unseres privaten und unseres beruflichen Lebens mit einem gewaltigen Schritt erreichen zu wollen, obwohl wir aus Erfahrung wissen, daß das immer nur für kurze Zeit funktioniert und wir dann wieder sehr schnell bei den alten Gewohnheiten und Fehlern landen.

Sie stellen zum Beispiel fest, daß Sie für Ihre Verkaufskarriere dringend Ihre Englischkenntnisse verbessern müssen. Sie belegen einen Intensivkurs von zehn Tagen, büffeln Wörter, pauken Grammatik, kommen zurück und wenden diese neuerworbenen Kenntnisse nicht an. Welches ist der Effekt? – Nach einem halben Jahr spätestens haben wir 95 Prozent des mühsam Gelernten wieder vergessen. Ganz Ähnliches passiert auch auf anderen Gebieten, wie mancher von Ihnen vielleicht nachvollziehen kann. Ein Mann schaut in den Spiegel, findet, daß er viel zu dick ist, und rennt noch am selben Tag 15 Kilometer durch den Park. Anschließend ist er fix und fertig. Bei dem Gedanken, diesen Kraftakt am nächsten Tag zu wiederholen, bekommt er bereits Herzklopfen und läßt es vernünftigerweise bleiben. Es liegt auf der Hand, daß mit Gewaltanstrengungen keine dauerhaften Verbesserungen zu erzielen sind.

Die einzig richtige Vorgehensweise wird in einer Geschichte deutlich, die ich vor einiger Zeit gelesen habe. Sie handelt von einem Mann, der bereits so viel Übergewicht mit sich herumtrug, daß er im Flugzeug zwei Plätze buchen mußte. Seit Jahren war er keinen Schritt mehr gegangen, wenn es nicht unbedingt notwendig war, und gelaufen war er seit seiner Schulzeit nicht mehr. Eines Tages betrachtet sich dieser Mann im Spiegel, schiebt alle faulen Ausreden von wegen Stoffwechselstörung und dergleichen beiseite, stellt sich vor, wie er als Zwanzigjähriger aussah und beschließt, sich im wahrsten Sinn des Wortes diesem Bild wieder zu nähern.

Er läuft von seinem Gartentor bis zum nächsten Telegraphenmasten. Das sind ungefähr 30 Meter. Danach ist er völlig außer Atem. Am nächsten Tag läuft er einen Masten weiter. Dieses Prinzip hält er durch, Tag für Tag. Mit diesem Bewußtsein einer schrittweisen Überwindung seines gegenwärtigen Zustands und einem klaren Ziel vor Augen verändert er seine Eßgewohnheiten. Er geht konsequent jede Treppe zu Fuß, anstatt den Lift zu benützen. Längst hat er aufgehört zu rauchen. Und während er tagtäglich von seinem Gartentor aus einen Telegraphenmasten weiter läuft als am Tag zuvor, schrumpfen nicht nur seine Pfunde. Es wachsen seine Ziele. Er war lange Zeit einer der bekanntesten Marathonläufer in den USA. Ist das nicht eine tolle Leistung?

## Was man verändern muß

Drei Überlegungen sind in diesem Zusammenhang wichtig. Er hat täglich seinen Standard hochgeschraubt, und zwar auf der ganzen Linie seiner Persönlichkeit. Da er wußte, daß es keine Fee gibt, die ihn mit ihrem Zauberstab berühren und ihn über Nacht ans Ziel tragen würde, hat er schrittweise sein Bewußtsein verändert. Er stellte sich innerlich auf einen langen Zeitraum ein, um sein Ziel zu erreichen. Diese realistische Zeitvorgabe hat er nur durchgehalten, weil er seine Vorstellung von sich selbst verändert hat. Er hat nicht mehr gesagt: „Ich bin dick. Daran ist nichts zu ändern!“ Sondern: „Ich habe augenblicklich zuviel Gewicht! Daran werde ich so lange arbeiten, bis es meiner Vorstellung von mir entspricht!“ Und er hat mit der Umsetzung dieser Überlegungen unverzüglich begonnen.

## Was Sie für sich daraus ableiten können

Was bedeutet dieses Beispiel für Sie? Ich bin überzeugt, daß Sie nach Ihrem subjektiven Verständnis „bis zum Anschlag“ arbeiten, am Wochenende noch Kundenberichte schreiben, Fachzeitschriften lesen und Besuche vorbereiten. Wie kann es da noch Verbesserungen geben? Höchstwahrscheinlich nicht vom Zeiteinsatz her. Sie müssen sich also überlegen: Wie kann ich die Qualität und die Effizienz meiner Arbeit täglich ein wenig verbessern, so daß ich in derselben Zeit „weiter laufe“? – Dabei werden Sie eine Reihe von wichtigen Erfahrungen machen. Da Sie auch bei einem ständig besser werdenden Zeitmanagement nur eine bestimmte Anzahl von Kunden anrufen und besuchen können, müssen Sie von größeren Kunden bessere Aufträge hereinholen, wenn Sie Ihr Ergebnis steigern wollen.

## Mut schafft Zeit

Dafür brauchen Sie zunächst ein wenig mehr Mut. Schließlich haben Sie die großen Kunden bisher immer mit großem Respekt aus großer Entfernung betrachtet. Sie benötigen eine breitere Produktkenntnis, müssen sich intensiver mit den Wünschen Ihrer neuen Kunden auseinandersetzen usw. Sie spüren plötzlich: „Ich muß auf der ganzen Linie besser werden!“ Und noch etwas spüren Sie, und das ist ganz wesentlich für Ihre Zukunft: „Ja, ich schaffe es! Mein Selbstvertrauen wächst mit jedem Erfolg!“ Ist das nicht ein wunderbares Gefühl? Sie erhöhen Ihre Standards jeden Tag um eine winzige Schraubendrehung, und sobald Sie merken, daß Sie diese selbstgestellten Anforderungen erfüllen können, werden immer größere Ziele vorstellbar.

Glauben Sie mir, alle großen Erfolge werden exakt nach diesem Prinzip verwirklicht. Werner von Siemens startete sein Weltunternehmen mit zehn Beschäftigten. Ray Krock kaufte den Brüdern Mac und Dick MacDonald ihren Schnellimbiß und ihren Namen ab und baute daraus Schritt für Schritt die größte Fastfoodkette der Welt. Das Prinzip ist ganz einfach: Da ist eine Idee, ein großes

Ziel, der Entschluß, sofort zu beginnen, und der Mut, der Fleiß und die Ausdauer, mit unglaublicher Disziplin an der Verwirklichung zu arbeiten. Jeden Tag kommen Sie Ihrem Ziel einen kleinen Schritt näher

Ja, finden Sie für sich ein Kürzel, das Sie jeden Tag in Ihren Terminplaner eintragen, so lange, bis es Ihnen in Fleisch und Blut übergegangen ist, z.B. „TTBW!" **T**ag **T**äglich **B**esser **W**erden! Wie weit Sie letzten Endes damit kommen, ist nicht ausschlaggebend. Nur eines ist wichtig: besser werden! Denn selbst die größten Erfolge, der größtmögliche Reichtum – all das wird schal und langweilig, wenn Sie nicht das sichere Gefühl haben, zu wachsen. Es gibt nun mal im Leben keinen Stillstand. Um es ganz klar und unmißverständlich auszudrücken: Es geht entweder bergauf oder bergab! Oder betrachten Sie Ihre Finanzen. Wenn Sie Ihr Geld nicht investieren und arbeiten lassen, wird es durch die permanente Inflation laufend weniger. Mit Ihren Erfolgen, ja, mit Ihrem Leben ist es nicht anders. Wenn Sie es in die positive Richtung drehen wollen, müssen Sie sich jeden Tag ernsthaft die Frage stellen: „Welche Vorstellung habe ich von mir selbst, und wie weit bin ich davon noch entfernt?"

Wenn Sie den Eindruck haben, daß Ihre Englischkenntnisse nicht ausreichen, lernen Sie jeden Tag zehn Wörter, lesen im Internet die wichtigsten Nachrichten in der New York Times, sehen eine Viertelstunde im Fernsehen CNN an, und diese Aktivitäten halten Sie so lange durch, bis sich daraus eine unverrückbare Gewohnheit gebildet hat.

Oder Sie nehmen sich täglich einen schwierigen Kunden vor – der vielleicht nur für Sie schwierig ist. Über den finden Sie heraus, welches Hobby dieser Mensch pflegt, und interessieren sich dafür, um für diesen schwierigen Kunden ein besserer Gesprächspartner zu werden und von ihm mehr anerkannt zu werden. Sie werden zwangsläufig auf Bereiche stoßen, die auch Sie persönlich interessieren und in denen Sie zum Spezialisten werden und laufend dazulernen können.

Zusammengefaßt bedeutet das: Verbesserungen finden statt, indem Sie permanent Ihre Standards anheben und Ihr Selbstbild positiv verändern. Das gilt für den Top-Verkäufer genauso wie für den, der heute noch einen ganz geringen Umsatz erzielt.

## Blockaden abbauen

Dabei müssen Sie auch immer wieder überprüfen, inwieweit Sie leistungshemmende Blockaden mit sich herumtragen. Mit Blockaden meine ich die kleinen oder großen Bremsen, die jeder in seinem eigenen Denken und Empfinden aufgebaut hat. Denken Sie nur an all die kleinen Grenzsteine, die in Ihrem Kopf herumliegen und auf denen steht: „Das kann ich nicht!“ „Das schaffe ich nie!“ „Dafür habe ich gar nicht die notwendigen Kenntnisse!“ „Ich bin doch nicht größenwahnsinnig!“ „Was verlangen die eigentlich von mir?“ – Weg damit!

Blockaden sind wie Muskelschmerzen, die einen am schnelleren Laufen hindern. Blockaden wirken sich immer negativ auf die Motivation aus. Motivationsblockaden, die zum Teil aus der täglichen Arbeit kommen, zum Teil auch unbewußt aus dem Privatleben mitgeschleppt werden, muß man sich ehrlich bewußtmachen und entweder ausdiskutieren oder bereinigende Konsequenzen ziehen. Täglich besser werden und täglich der Aufforderung gerecht werden: „Erkenne dich selbst!“ gehören ganz eng zusammen.

## Der Top-Verkäufer setzt sich eigene Ziele

Das Prinzip, jeden Tag mit seiner ganzen Person einen kleinen Schritt voranzuschreiten, darf nicht als Druck von außen kommen. Sie müssen das „Tagtäglich besser werden!" so verinnerlichen, daß Sie dieses Prinzip wirklich von innen heraus leben, daß Sie Ihr Wissen erweitern, und sei es nur um einen einzigen Artikel im Feuilleton Ihrer Tageszeitung, daß Sie Ihre Ausstrahlung verbessern, Ihre Körpersprache verfeinern und intensivieren, Ihre sprachliche Ausdruckskraft verbessern, aufmerksam ein schönes Bild betrachten oder ein Musikstück hören und nicht nur an sich vorbeirauschen lassen. Diese tägliche Verbesserung wird Ihnen Spaß machen und zu einem Grundbedürfnis Ihres Lebens werden.

# Die magische Kraft der Intuition

## Vertrauen Sie auf Ihre Intuition

Im Lauf meiner langen Verkaufspraxis habe ich eine Erfahrung gemacht, die mir den Weg zu großen Erfolgen gewiesen und die mich immer wieder vor großen Niederlagen und Verlusten bewahrt hat: Ich habe gelernt, ganz gezielt und ganz bewußt auf meine Intuition zu vertrauen, auf meine Bauchgefühle zu achten und – was ganz wichtig ist – nicht nur auf sie zu hören, sondern sie genauso als feste Größe in meine Überlegungen einzubeziehen wie zahlenmäßig belegbare und berechenbare Faktoren. Ich bin sogar der Meinung, daß wirklich nennenswerte Erfolge überhaupt nur durch ein Quentchen dieses rational nicht vollständig erklärbaren „Bauchgefühls“ zustande kommen.

Das mag in Ihren Ohren vielleicht ein wenig irrational klingen und Sie sogar an Parapsychologie erinnern. Dennoch werden Sie sich eingehender mit dem Thema Intuition beschäftigen müssen, wenn Sie die obersten Sprossen der Erfolgsleiter erklimmen wollen. Ich habe mich in den vergangenen Jahren ausführlich mit den Themen Intuition, Inspiration und Kreativität beschäftigt, nachdem ich meine Intuition schon seit jeher unbewußt eingesetzt habe. Und dabei habe ich eines bestätigt gefunden: Ein Mensch kann noch so intelligent und noch so kenntnisreich sein, ohne Intuition wird er niemals zu mehr als zu brauchbaren Lösungen kommen. Wir müssen lernen, das Irrationale in uns selbst und in anderen zu respektieren, ja, uns sogar darauf zu verlassen, wenn wir große Ziele anstreben.

## Nur die Verrückten überleben

Dafür muß man natürlich in Kauf nehmen, daß man von denjenigen, die nur das Berechenbare gelten lassen, für verrückt erklärt wird. Ich betrachte es mittlerweile als Auszeichnung, wenn ich in Zeitungsartikeln über mich lese, daß ich ein Spinner, ja ein Verrückter bin. Andy Grove, der legendäre Mitbegründer von Intel, schrieb ein Buch mit dem Titel: „Only the Paranoid survive!“ Nur die Verrückten überleben.

Was heißt denn „ver-rückt“ sein anderes, als daß man in der Lage ist, aus dem gewohnheitsmäßigen Denken herausgerückt zu sein und zu ungewöhnlichen, eben „verrückten“ Lösungen zu kommen. Wenn es verrückt ist, mit 170 DM eine Firma zu gründen und sich vorzunehmen, daraus ein Weltunternehmen zu formen, dann bin ich tatsächlich verrückt. Genauso war das nämlich bei der Gründung der ce CONSUMER ELECTRONIC AG, die heute einen Börsenwert von über einer Milliarde darstellt.

Unser Leben wird von vielen Faktoren bestimmt, die wir nicht rational erklären können, die aber einen ganz entscheidenden Einfluß auf unseren Lebensweg und Lebenserfolg haben. Ausstrahlung zum Beispiel. Wir können Ausstrahlung nicht rational messen und ihre Wirkung nicht berechnen. Aber wir können eines eindeutig feststellen: Ausstrahlung macht einen ganz erheblichen Teil unserer Persönlichkeit und unseres Erfolgs als Verkäufer aus.

Warum verlieben Sie sich in einen Menschen? Doch nicht, weil er fließend Französisch spricht oder eine Eigentumswohnung auf Mallorca besitzt, sondern weil er oder sie in Ihnen etwas anspricht, das Sie rational nicht erklären können, das anders ist als bei den Tausenden von Menschen, denen Sie im Laufe der Zeit begegnen. Und mit der Intuition verhält es sich ganz genauso.

Verkaufen ist zu mindestens 50 Prozent eine Frage der richtigen Wellenlänge, der Stimmungen und Emotionen oder, wie die Amerikaner sagen, der Chemie, die zwischen dem Verkäufer und dem Kunden entsteht. Wenn diese Wellenlänge, wenn diese Chemie stimmt, dann kann auch ein schwieriges Geschäft zur beiderseitigen Zufriedenheit und zum beiderseitigen Erfolg und Gewinn abgeschlossen werden. Wenn diese Wellenlänge nicht stimmt, dann kann sich auch ein völlig problemlos erscheinendes Geschäft noch in allerletzter Sekunde in Luft auflösen.

## Wie Sie Ihre Intuition stärken können

Deshalb ist eine der wichtigsten Fähigkeiten des Top-Verkäufers seine hochsensible Intuition ganz bewußt einzusetzen und sie ständig zu steigern. Intuition läßt sich natürlich nicht üben wie etwa die Schritte eines Verkaufsgesprächs. Dennoch kann jeder seine Intuitionskraft stärken und sensibilisieren, indem er seine Wahrnehmung der Körpersprache, der Stimmschwankungen, der Stimmungsschwankungen sowie aller nichtsprachlichen Äußerungen seines Gegenübers verfeinert.

Diese Wahrnehmungen gehen verstärkt in sein Unterbewußtsein ein und können dort meist mit einer richtigen Antwort auch wieder abgefragt werden. Einbeziehung der Intuition bedeutet nichts anderes als seinen sechsten Sinn, die Signale aus dem Unterbewußten, seine Bauchgefühle bewußt in einen Entscheidungsprozeß einzubeziehen und sich auf ihre Antworten zu verlassen.

Sich auf seine Bauchgefühle zu verlassen bedeutet sehr häufig, nicht gegen seine Bauchgefühle zu argumentieren. Wie oft passiert es, daß wir bei einer Angelegenheit ein ungutes Gefühl haben, aber dieses Gefühl gar nicht hochkommen lassen oder es mit rationalen Argumenten übertönen. Hinterher sind wir dann klüger und sagen: „Ja, irgendwie hatte ich von Anfang an so ein eigenartiges Gefühl, aber die Sache klang doch eigentlich sehr plausibel!“ Und dann passiert genau das, was einen Vertrag, einen Abschluß in letzter Minute – aus scheinbar unerfindlichen Gründen – scheitern läßt.

Seine Intuition abfragen, sie in seine Überlegungen einbeziehen kann einfach bedeuten, daß man noch einige Fragen stellt, daß man Dinge anspricht, die rational nicht besonders wichtig zu sein scheinen, die aber emotional ein großes Gewicht haben können.

## Mit Intuition in die Zukunft

Intuition ist natürlich nicht nur wichtig als ein System von Warnsignalen, besonders bei Dingen, die schieflaufen könnten. Intuition weist vor allem Wege in die Zukunft. Intuition ist der wichtigste Ratgeber im Aufspüren von neuen und gewinnbringenden Geschäftsbeziehungen und von Möglichkeiten, die sich nicht im Bereich des absolut Logischen bewegen. Die richtige und erfolgversprechende Intuition ist natürlich wiederum eine Frage des Selbstvertrauens, des Mutes und einer positiven Grundeinstellung zum Leben.

Wer kein Selbstvertrauen hat, wird mit seiner Intuition bestenfalls bei den bekannten Sätzen landen: „Man könnte vielleicht ...“, „Man sollte unter Umständen ...“ Wer mutlos ist, wird seine Intuition vor allem dafür einsetzen, intuitiv alle die Gründe herauszufinden, die gegen eine Unternehmung sprechen. „Das geht höchstwahrscheinlich nicht!“ ist der Satz, den die Mutlosen wie eine Zwangsjacke um alles legen, was nicht hundertfünfzigprozentig berechenbar zum Erfolg führt.

Nur derjenige, dessen Denken von Selbstvertrauen, Mut und positiver Lebenseinstellung geprägt ist, kann durch Intuition zu ungewöhnlichen und ungewöhnlich erfolgreichen Lösungen finden. Intuition erfordert selbständiges und autonomes Denken. Wer ungewöhnliche Lösungen immer erst bis ins letzte Detail diskutieren will, wird am Ende feststellen müssen, daß er den Bedenkenträgern die Oberhand überläßt. Auf seine Intuition vertrauen setzt voraus, daß man innerlich frei ist und seine eigenen Blockaden und die seiner Umgebung überwunden hat.

## Mit Intuition in alle Medien

Intuition kann Sie dazu bringen, ganz spontan an der Wendung eines Gesprächs, in einer Verhandlung intuitiv das Richtige zu tun. Intuition kann aber auch das langfristige Planen, das Offenhalten einer Möglichkeit bedingen und beeinflussen – und natürlich zu einem sehr vorteilhaften Abschluß führen.

Anfang Juni 1999 konnte man im Sportteil einer Reihe von Zeitungen die Schlagzeile lesen: Erich J. Lejeune und sein Unternehmen Consumer Electronic wird Hauptsponsor des Bundesligisten SpVgg Unterhaching. Dem kleinen, sympathischen, aber neben dem FC Bayern München und dem TSV 1860 München unbekannten Fußballverein SpVgg Unterhaching war der sensationelle Aufstieg in die Bundesliga gelungen, und mir war es gelungen, während weniger Wochen mit ihrem Präsidenten einen Sponsorenvertrag für diesen Verein abzuschließen. Das geschah mehr oder weniger spontan. Aber meine Intuition hatte mir seit Jahren gesagt, daß dieser Verein das Zeug dazu hat, diesen Aufstieg zu bewerkstelligen und daß ich dann als Sponsor mit von der Partie sein werde.

Ich war seit vielen Jahren mit dem Vizepräsidenten der SpVgg Unterhaching, Peter Grosser, befreundet und suchte natürlich immer wieder im Gespräch mit ihm. Meine Intuition hatte also einen realen Hintergrund. Zudem sah ich in dem Unterhachinger Team auf dem Weg aus der B-Klasse eine ganz ähnliche Story wie meinen Aufstieg aus dem Nichts an den Neuen Markt. Zunächst wurden wir spöttisch belächelt, ich als ich die Absicht kundtat, den Chip-Markt zu revolutionieren, und die SpVgg Unterhaching, als sie andeutete, daß sie sich durchaus den Weg in die Bundesliga vorstellen könne.

Plötzlich ergänzten sich diese Faktoren zu einer intuitiven Idee, die ich spontan umsetzen konnte. Und eines ist klar: Diese intuitive Entscheidung wird beiden Erfolge bringen. Die SpVgg Unterhaching bekommt einen verläßlichen Sponsor, und die ce kann sich keinen besseren Bundesligisten als Partner wünschen, denn auf diesem „Newcomer" und „Underdog" wird in der nächsten Zeit das geballte Interesse der sportinteressierten Öffentlichkeit liegen.

Damit wird auch eines deutlich: Die richtige Intuition wird aus ganz unterschiedlichen Quellen gespeist. Das setzt eine offene Lebenseinstellung voraus, die rational nicht erklärbare Denkprozesse als Entscheidungsträger überhaupt zuläßt. Das ist gar nicht selbstverständlich, denn unsere ganze Erziehung ist darauf ausgerichtet, alles Irrationale auszuschließen.

## Die richtige Basis der Intuition

Intuition setzt die positive Denkweise einer Persönlichkeit voraus, die sich von Denkblockaden weitestgehend befreit hat. Die Wirksamkeit der Intuition ist natürlich auch abhängig von dem Wissen und den Informationen, mit denen man sein Denken speist.

Je größer mein Wissen und je umfassender meine Informationen, um so wirksamer ist meine Intuition. Dazu gehören eine lebendige, positive Neugierde und die totale Hingabe an ein Thema. Nur wenn ich mich mit einem Thema, mit einem Ziel, mit einer Aufgabe, ja, mit einer Vision total identifiziere, entsteht überhaupt die nötige Intuition. Intuitive Lösungen entwickeln sich sehr häufig aus der Zusammenführung unterschiedlichster Wissensgebiete oder Lebensbereiche.

Gutenberg, dessen erklärtes Ziel war, den Buchdruck zu revolutionieren, verband die Beobachtung, wie ein Abt seinen Siegelring auf ein Dokument drückte, mit der Erkenntnis, die er bei einer Einladung zur Weinlese gemacht hatte. Die erste Beobachtung brachte ihn auf die Idee mit den beweglichen Lettern, die zweite, wie man diese Lettern in einem Rahmen aufs Papier drucken konnte. Und wie gesagt, er beschäftigte sich ausschließlich mit dem Problem, wie er den Buchdruck revolutionieren konnte.

Die Lösungen, die daraus entstehen, sind oft so einfach, daß die Bedenkenträger und die Neider hinterher sagen können: „Das hätte ich auch gekonnt!" Das ist sogar vollkommen richtig. Genauso, wie es im Grunde eine sehr einfache Übertragung einer bestehenden Verfahrensweise war, nämlich das Börsenmakeln vom Finanzmarkt auf den Chip-Markt zu übertragen. Der Unterschied zwischen dem „Das hätte ich auch gekonnt!" und der Durchführung, der letzten Endes zur richtigen Intuition führt, ist die Begeisterung und die totale Hingabe.

Aus dieser Begeisterung für eine Aufgabe entsteht die geistige Bereitschaft, im Wachbewußtsein wie im Unterbewußtsein alles daranzusetzen, um an ein selbstgewähltes Ziel zu gelangen. Aus dieser Begeisterung entstehen Verhaltensmuster, die einen in jeder Situation an sein Ziel, an seine Aufgabe und an seine Vision denken lassen. Wer keine Begeisterung für Ziele in sich spürt, wird auch sehr selten von seiner Intuition mit Lösungen überrascht werden.

Sie sehen, auf dem Weg zum Top-Verkäufer landen wir mit jeder Einzeldisziplin beim Ganzen. Verkaufen ist rundherum eine Frage der ganzen Persönlichkeit.

## Meine Leitsätze für den Top-Verkäufer

1. Seien Sie sich immer der Tatsache bewußt, daß Ihr Kunde von Ihnen eine freundschaftliche und verläßliche Beratung wünscht – auch wenn manche Kunden das nie zugeben würden. Überlegen Sie sich deshalb vor jedem Gespräch, mit welchen besonderen Angeboten Sie Ihrem Kunden eine Freude bereiten können.
2. Je ähnlicher die Produkte und Dienstleistungen werden, um so wichtiger wird Ihre Persönlichkeit als Verkäufer.
3. Für einen echten Verkäufer gibt es nichts Schöneres, als seine Kunden zu besuchen.
4. Für einen Verkäufer, der seinen Beruf liebt und stolz darauf ist, gibt es nur ein erstrebenswertes Ziel: sich von einem guten Verkäufer zu einem Top-Verkäufer zu entwickeln.
5. Top-Verkäufer kennen die Unternehmensstruktur und die persönlichen Interessen ihrer Kunden besser als irgend jemand anders. Sie sind aktive Partner ihrer Kunden und haben als oberstes Ziel, ihren Kunden zu nützen.
6. Der Top-Verkäufer ist eine absolute Führungspersönlichkeit. Er verfügt über eine ungewöhnlich starke Ausstrahlung und eine ausgeprägte Kontaktfähigkeit. Sein topaktuelles Produktwissen basiert auf einem breit angelegten, branchenübergreifenden Fachwissen.

7. Der Kritik mit Selbstvertrauen zu begegnen und seine eigene Meinung mit aller Selbstverständlichkeit und Klarheit zu behaupten sind wesentliche Merkmale eines Top-Verkäufers. Das ist gelegentlich sehr unbequem, aber diese Unbequemlichkeit müssen Sie ertragen lernen.

8. Mut bedeutet für einen Top-Verkäufer, mit Überlegung kalkulierbare Risiken einzugehen. Mut heißt, die Gefahren einer Unternehmung zu kennen und die Angst vor dem möglichen Scheitern zu überwinden. Diesen Mut bekommen Sie aber nur, wenn Sie ein Ziel vor Augen haben.

9. Stärken und sensibilisieren Sie Ihre Intuitionskraft, indem Sie Ihre Wahrnehmung der Körpersprache, der Stimmschwankungen, der Stimmungsschwankungen sowie aller nichtsprachlichen Äußerungen Ihres Gesprächspartners verfeinern.

10. Setzen Sie Ihre Intuition ein, um zu Lösungen zu finden, die über die bloße Verkaufstechnik und rein rationale Überlegungen hinausgehen. Dafür sollten Sie sich eine positive Grundeinstellung zu eigen machen und von hemmenden Denkblockaden befreien.

# Verkaufen – eine Frage der Kommunikation

Verkaufen ist eine Frage der Motivation und Begeisterung. Es ist eine Frage der Identifikation mit dem eigenen Unternehmen, mit dem Produkt, das ich anbiete. Es ist eine Frage der Identifikation mit den Interessen des Kunden. Verkaufen ist eine Frage des Selbstbewußtseins, der Ausstrahlung, der Disziplin, der Intuition – kurz: der Persönlichkeit.

Wenn Sie sich reich verkaufen wollen, bedeutet das, daß Sie diese einzelnen Punkte, die sehr viele Grundtugenden voraussetzen, im aktiven Gespräch und Interessenaustausch mit dem Kunden zum Einsatz bringen müssen, d.h., Verkaufen ist eine Frage der Kommunikation! Ja, ich gehe sogar noch weiter: Verkaufen ist in meinen Augen das Spitzenprodukt menschlicher Kommunikation – im Gegensatz zu allen anderen Bereichen des Lebens: zum Freundeskreis, zum Hobbyclub, zur Partei, ja selbst zur Religionszugehörigkeit; dort kann ich mir mein Umfeld nach Vorlieben, nach Sympathie und Antipathie aussuchen. Als Verkäufer bin ich darauf angewiesen, mit einem Höchstmaß an Toleranz gegenüber allen Menschen, die mir begegnen, eine gleich gute und effiziente Kommunikation aufzubauen.

Warum ist es gerade im Verkauf so wichtig, eine grundsätzlich positive Einstellung zu mir selbst und zu den Menschen zu haben, mit denen ich mich in meinem Beruf auseinandersetze? Ich kann nicht den einen Kunden freundlich und den anderen abweisend und ruppig behandeln, nur weil mir vielleicht seine Nase nicht gefällt. Ich sollte für alle Menschen, mit denen mich mein Beruf zusammenführt, ein Lächeln auf der Seele haben und es ihnen auch zeigen. Denn ein Lächeln ist der Ausgangspunkt jeder positiven menschlichen Kommunikation. Lächeln ist die direkteste Verbindung zum Herzen meiner Mitmenschen, wenn es wirklich von innen heraus kommt. Lächeln Sie, und Ihr Lächeln wird Ihren Seelenzustand und die Menschen Ihres Umkreises erfassen und positiv verändern.

## Lächeln – der direkteste Weg zum Herzen

Lächeln ist eines der wirksamsten Mittel, um einen Menschen schon bei der Begrüßung für sich einzunehmen und jede Aggressivität oder Überheblichkeit aus dem Blick zu nehmen. Lächeln hat eine außergewöhnliche magnetische Kraft. Gewöhnen Sie sich an zu lächeln, wenn sich Ihr Blick mit dem eines anderen kreuzt. Lächeln Sie, auch wenn Ihnen die Person unbekannt ist. Sie geben damit dem anderen und auch sich selbst ein Gefühl der Sicherheit.

Auch in einer Auseinandersetzung kann ein Lächeln ein unschlagbares Mittel sein, um den Weg zu einer gemeinsamen Lösung zu finden. Sie signalisieren damit Ihrem Gegenüber, daß er Sie nicht aus dem Konzept bringen kann und daß Sie Herr Ihrer Gefühle und damit auch Herr der Lage sind. Mit einem Lächeln können Sie einem Menschen ohne Worte und ohne gekünstelte Erklärungen zeigen, daß Sie in ihm mehr sehen als nur seine Funktion.

## Freude entsteht, wenn im Verkauf Energie fließt

Ein Verkäufer, der seine Kunden nur in der Funktion sieht, daß sie ihm durch Abnahme seiner Produkte oder

Dienstleistungen ein hervorragendes Auskommen garantieren, geht völlig am Wesen des Verkaufens, ja, am Leben vorbei. Für mich bedeutet Verkaufen, daß zwischen meinen Kunden und mir Energie fließt. Diesen Energiefluß will ich spüren – in Telefonaten und in persönlichen Begegnungen. Ja, ich kann ihn auch in Briefen und E-Mails spüren und für den anderen spürbar machen.

Für mich waren und sind andere Menschen, ihre Gefühle, ihre Hobbys, ihre Anregungen, ihre Interessen und Meinungen und auch ihre Eigenheiten immer wichtig. Das ist es, was für mich den Spaß und die Freude am Verkaufen ausmacht. Deshalb sind für mich die Begegnungen mit meinen Kunden ein wichtiger Teil meines täglichen Erlebens und meines Lebens.

Ich bin der felsenfesten Überzeugung, daß Sie Ihrem Beruf als Verkäufer in dem Moment eine ganz entscheidende Wendung in Richtung Erfolg geben werden, in dem Sie Verkaufen als einen lebendigen Gedanken- und Gefühlsaustausch erleben und Ihr Herz wirklich Ihren Kunden öffnen.

## Das Einmaleins der Kundenkontakte

Ich erinnere in dem Zusammenhang an eine Begegnung, von der mir ein Freund erzählte. Er hatte während eines Kongresses einen jungen niederländischen Unternehmer, Joop Wynen, getroffen, der Arbeitskräfte an Bauunternehmen vermittelt. Als er ihm die Frage stellte: „Wo wollen Sie mit Ihrer Agentur in fünf Jahren stehen?“, fing er an, sich über stagnierende Umsätze zu beklagen, obwohl er, wie er beteuerte, sehr hart arbeitete. Was Joop besonders irritierte und auch wirtschaftlich schmerzte: Er hatte seit einiger Zeit von seinem Hauptauftraggeber keine Aufträge mehr bekommen. Irgend etwas an seinem sehr forschen Auftreten veranlaßte meinen Freund zu der

Frage: „Was haben Sie denn für einen Kontakt zu diesem Kunden?“

Er sah ihn überrascht an: „Tja, ich vermittle ihm die Leute, die er braucht!“ Daraufhin stellte mein Freund ihm eine ganze Reihe von Fragen, die für den Kundenkontakt und damit die Kommunikation von ausschlaggebender Bedeutung sind. „Was wissen Sie über Ihren Kunden? Wie sieht sein Büro aus? Was hat er auf dem Schreibtisch stehen, woraus Sie auf seine Hobbys schließen können? Hat er Fotos von seiner Familie auf dem Schreibtisch stehen? Wann hat er Geburtstag? Wie heißt seine Sekretärin? Haben Sie der schon einmal einen kleinen Blumenstrauß mitgebracht?“ Auf all diese Fragen bekam er nur ein ungläubiges Kopfschütteln, das hieß: Was hat denn das mit meinem Geschäft zu tun? In der Vorstellung dieses Jungunternehmers bestand Verkaufen offensichtlich aus „Bedarf erfragen, Ware liefern, Rechnung stellen, abkassieren“.

Auf die Frage „Haben Sie Mitbewerber in Ihrer Agenturtätigkeit, oder sind Sie ganz allein auf weiter Flur?“ beteuerte er: „Nein, nein, ich habe eine ganze Reihe von Konkurrenten!“ Das forderte meinen Freund zu der Frage heraus: „Und welche Veranlassung hat dann Ihr Hauptkunde, ausgerechnet bei Ihnen zu bestellen, wenn Sie sich in keiner Weise für ihn persönlich interessieren?“ Da wurde Joop sehr nachdenklich, denn ihm wurde plötzlich klar: Wer keine Aufträge bekommt, ist nicht nah genug am Kunden!

Er fing an zu begreifen, daß die Qualität der Kommunikation, das echte persönliche Interesse für den Kunden, die Qualität des Geschäfts ausmacht. Einige Wochen nach diesem Gespräch schickte Joop ein begeistertes Fax. Ja, er hatte sich bemüht, diese Tips umzusetzen, und die ersten Erfolge waren bereits spürbar!

# Der Einstieg

Wenn ich das Büro eines Kunden betrete, weiß ich auf einen Blick, mit was für einem Menschen ich es zu tun habe. Ich sehe auf seinem Schreibtisch ein schönes Foto von seiner Familie, von seinem Hund oder von seinem Oldtimer. Ich sehe ein Foto, das ihn auf dem Siegerpodest seines Tennisclubs zeigt. Ganz besonders interessiere ich mich natürlich für berufliche Auszeichnungen. Ich sehe, ob an den Wänden die modernen Gemälde eines leidenschaftlichen Sammlers hängen oder Landschaftsgemälde aus dem 19. Jahrhundert, die eher der Dekoration dienen. Stehen Blumen auf seinem Schreibtisch? Liegen Stöße von Akten darauf, oder ist der Schreibtisch leer bis auf eine Schreibunterlage?

Nach diesem ersten Rundumblick konzentriere ich mich sehr bewußt auf den Händedruck. Erwidert der Kunde meinen festen Händedruck, oder versucht er, sich zu entziehen? Besonders in diesen ersten Minuten nehme ich wahr, wie er auf meinen Augenkontakt reagiert. Ich erfasse mit einem Blick seine Statur und seine Körperhaltung. Wenn ich in diesen Punkten eine Übereinstimmung feststellen kann, weiß ich schon in etwa, in welcher Atmosphäre das Gespräch verlaufen wird.

Aus diesen Beobachtungen leite ich meine ersten zehn Sätze ab, von denen mindestens fünf Fragen sind. Ich bin fest davon überzeugt, daß für einen Verkäufer diese ersten zehn Sätze eines Gesprächs die wichtigsten sind. Mit ihnen zeige ich meinem Kunden, daß er mich als Mensch interessiert und nicht nur als Kunde. Das bedeutet natürlich, daß hinter meinen Fragen, die ich aus seiner Umgebung ableite – den Fotos von seinen Kindern, den Bildern, die er an der Wand hängen hat – ein echtes und ernst gemeintes Interesse steht und nicht nur ein Anstoß für zweckgerichteten Small talk!

# Im Small talk ist Sensibilität gefragt

Ja, glauben Sie mir: Dieses persönliche Interesse ist die Basis einer befriedigenden und erfolgreichen Kommunikation mit dem Kunden. Gerade im ersten direkten Kundengespräch ist es überaus wichtig, eine Basis zu schaffen, die über das rein Geschäftliche hinausgeht.

Ein Top-Verkäufer kann mit dem Ausdruck, den er in die ersten zehn Worte legt, innerhalb von Sekunden die richtige Chemie zwischen sich und dem Kunden herstellen. Ich beschränke diese Vorgabe ganz absichtlich auf einen sehr kurzen Zeitrahmen, denn nichts wäre verkehrter, als in dieser Aufwärmphase beim Kunden den Eindruck zu erwecken: „Der stiehlt mir doch nur meine Zeit mit belanglosem Gerede!"

Die richtige Dosierung der einleitenden Worte erfordert eine besondere Sensibilität. Denn schließlich will ich mit diesem einleitenden Small talk ja auch herausfinden, welchen Grad an Nähe oder Distanziertheit der Kunde vorgibt. Mit diesen behutsamen Fragen, die ins Persönliche gehen, bereite ich das richtige Gesprächsklima für den eigentlichen Verkauf vor. Darüber hinaus registriere ich natürlich sehr genau, wie mein Kunde mit seiner Sekretärin umgeht. Ist er mit ihr freundlich oder sehr dominant? Ist er leise und bestimmt oder laut und dabei eher unentschlossen?

Meistens gibt der Kunde vor, wann er in den geschäftlichen Teil des Gesprächs einsteigen möchte. Wenn dieser Punkt erreicht ist, beginnt für mich der Ablauf eines Stückes in vier Akten, das ich sehr genau vorbereitet und auf den jeweiligen Gesprächspartner zugeschnitten habe. Es heißt: AIDA.

# AIDA

Was steht hinter diesem Namen einer großen Oper? Ganz einfach:

**A** – Aufmerksamkeit für mein Angebot anregen
**I** – Intensives Interesse wecken
**D** – Durchhalten, bis der Kaufwunsch durchgesetzt ist
**A** – Abschließen, Auftrag mitnehmen

Ich habe immer nach der AIDA-Formel gearbeitet. Sie beschreibt den optimalen Weg vom Anregen der Aufmerksamkeit bis hin zum Abschluß in vier logischen Stufen.

Die erste Aussage muß den angesprochenen Kunden hellwach machen und seine Neugier und Aufmerksamkeit wecken. In diese Ouvertüre der großen „Verkaufsoper" packe ich natürlich alle Themen, die mit dem Produkt bzw. mit meinem Angebot in Zusammenhang stehen. Ich erwähne die Vorteile, die dieses Angebot für ihn beinhaltet, gehe aber noch nicht ins Detail.

Das geschieht erst, wenn der Kunde deutliches Interesse signalisiert und Fragen stellt. In dieser Phase stelle natürlich auch ich Fragen, denn ich möchte ja mein Angebot mit den Bedürfnissen des Kunden zu einer möglichst großen Deckungsgleichheit bringen. Viele Verkaufsanleitungen schlagen eine genaue Trennung von Bedarfsanalyse und Vorstellung des Produkts vor. Da ich mich aber bereits vor dem Gespräch ausführlich mit dem Bedarf meines Kunden auseinandersetze, stelle ich immer wieder fest, daß sich Fragen des Kunden an meine detaillierte Vorstellung mit Rückfragen meinerseits zu seinem exakten Bedarf mischen.

Sobald ich feststelle, daß sich die Vorstellung meines Angebots mit dem Kaufwunsch des Kunden einigermaßen deckt, beginne ich mit hieb- und stichfesten Argumenten, mein Angebot gegenüber etwaigen Bedenken des Kunden und auch gegenüber Angeboten von Mitbewerbern durchzusetzen.

Und dann folgt natürlich das Wichtigste sowohl für mich wie für den Kunden: der Abschluß! Das also ist in groben Zügen das AIDA-System in vier Teilen!

## Aufmerksamkeit erzeugen

Das bedeutet für mich im einzelnen, daß ich den Kunden für meine Person interessiere. Das beginnt mit dem Auftritt, von dem ich an anderer Stelle bereits geschrieben habe, daß es keine zweite Möglichkeit gibt, einen guten ersten Eindruck zu machen. Körperhaltung, Blick, Händedruck, das gepflegte Äußere, eine Krawatte, die Aufmerksamkeit auf sich zieht, und natürlich die spürbare Motivation und Begeisterung – all das ist von größter Wichtigkeit.

Hier kommt natürlich bei mir hinzu, daß ich in meiner Branche und bei meinen Kunden, selbst wenn wir uns zuvor noch nicht persönlich begegnet sind, durch meine jahrelange Präsenz in den Medien, durch den Börsengang der ce CONSUMER ELECTRONIC AG, durch meine Bücher, Vorträge und Motivations- und Verkaufsseminare bestens bekannt bin. Gerade dieser Bekanntheitsgrad verlangt andererseits, daß ich mir auch immer wieder etwas Besonderes einfallen lasse, was ich speziell diesem Kunden mitbringe. Die Idee dazu bekomme ich, indem ich mich auf jeden Kunden und auf jedes Gespräch intensiv vorbereite.

## Informationen sind der beste Türöffner

Als Übergang zu meinem detaillierten Angebot bringe ich immer die neuesten Informationen über Veränderungen in der Branche mit, über interessante Neuentwicklungen in den Zentren der Chip-Industrie, über bedeutsame personelle Veränderungen, natürlich auch Informationen über die neueste Entwicklung unseres Unternehmens. Da sich unser Unternehmen ständig entwickelt, ständig neue Idee produziert, bietet dies Anlaß für ausführliche Unterhaltungen.

Besonders wichtig für unsere Kunden sind selbstverständlich unsere neuesten Informationen über Preisentwicklungen. Diese müssen in unserer Branche wirklich topaktuell sein, denn im Zeitalter des Internet, des Information-Super-Highway, verlieren Informationen ihre Aktualität schneller als der Straßenbericht. Und eine Information über die Preissenkung bei einem bestimmten Bauelement bringt unseren Kunden nur so lange einen geldwerten Vorteil, solange sie nicht allgemein verfügbar ist.

Durch die absolute Spitzenposition in der globalen Vernetzung unserer Branche können wir unseren Kunden nicht nur die schnellstmögliche Beschaffung ihrer Ware gewährleisten. Wir liefern auch ständig aktualisierte Produkt- und Marktinformationen. Dieser Wissensvorsprung ist unser Kapital, das wir unseren Kunden weiterreichen. Wir sind sozusagen auch Informations-Broker! Wie sieht es da bei Ihnen aus? Gehen Sie auch am Abend vor einem Kundenbesuch noch ins Internet, um für Ihre Kunden die neuesten Informationen parat zu haben?

Diese Informationen wie auch die neuesten Produktvorstellungen müssen sowohl meine Verkäufer wie auch ich selbst wie gute Schauspieler auswendig können. Mehr noch, wir müssen gerade auch in Detailvorstellungen den

Text so verinnerlicht haben, daß wir im Kundengespräch mit den Fakten frei operieren können. Anders wäre der bestmögliche Abgleich mit den Bedürfnissen unserer Kunden nicht möglich.

## Fragen, Fragen, Fragen

Nun soll weiß Gott nicht der Eindruck entstehen, daß gute Verkäufer sozusagen an den Bühnenrand treten und ihre großen Monologe vom Stapel lassen. Genau das Gegenteil ist wichtig und richtig.

Top-Verkäufer überzeugen ihre Kunden mit den richtigen Fragen. Fragen sind der Kern jeder lebendigen Kommunikation. Deshalb ist Verkaufen in erster Linie die Anwendung einer ausgefeilten Fragetechnik. Verkaufen bedeutet fragen, fragen, fragen und immer wieder fragen. Das trifft sich mit dem Naturell eines Top-Verkäufers. Top-Verkäufer sind ungemein neugierig, wenn es darum geht, ihr Angebot auf die Bedürfnisse ihrer Kunden abzustimmen. Verkäufer haben deshalb auch immer die doppelte Menge an Fragen als zum Beispiel Marketingleute. Die richtigen Fragen setzen natürlich eine Unmenge an Information, an Wissen, an Bildung voraus.

Verkaufen heißt immer, die richtigen Fragen zu stellen, damit man dem Kunden möglichst viele Jas entlockt. Erst einige kleine Jas sichern das große Ja vor der Auftragserteilung. Dabei vermeiden Top-Verkäufer Fragen, die den Kunden frühzeitig in seiner Entscheidung festnageln. Der Kunde mag nicht das Gefühl, keinen Ausweg mehr zu haben. Ein Top-Verkäufer verkauft in erster Linie den Nutzen und die Funktionen, die sein Kunde kaufen will. Er verkauft niemals das, was ausschließlich ihm selbst gefällt, sondern das, was dem Kunden gefällt oder was dieser benötigt. Und das findet er durch Fragen heraus.

Sogenannte Festnagler wie „Das finden Sie doch sicher auch!“ dürfen erst eingesetzt werden, wenn der Kunde kleine positive Zeichen gesetzt hat. Dann führen sie in der Regel zu vielen versteckten Jas. Top-Verkäufer binden ihre Kunden immer mit Fragen ein, auf die positive Antworten möglich sind. Gefährlich sind Fragen, die man statt mit „Ja!“ genausogut mit „Nein!“ beantworten kann.

Wer die Kunst des Fragens nicht beherrscht, wird nie ein guter Verkäufer werden. Die guten Verkäufer stellen über alle zwischenmenschlichen Fragen und über die Fragen der Bedürfnisanalyse hinaus am Schluß selbstverständlich die wichtigste Frage: „Bekomme ich den Auftrag?“

## Darf's ein bißchen mehr sein?

Das ist eine der wichtigsten Fragen, die ein Verkäufer immer im Kopf haben sollte! An eines erinnere ich mich in meiner Kindheit noch ganz genau: Solange die Wurst auf Marken verkauft wurde, gelang es den Verkäuferinnen im Metzgerladen immer aufs Gramm genau, die gewünschte Menge abzuschneiden. Das änderte sich schlagartig mit der Währungsreform und hat bis heute angehalten. Ich habe seither nie wieder Wurst gekauft, ohne die Frage gestellt zu bekommen: „Darf's ein bißchen mehr sein?“ Und ich glaube, weder ich noch irgendein anderer Kunde hat auf diese Frage jemals mit Nein geantwortet.

Der Top-Verkäufer sieht immer über den Abschluß hinaus, mit dem er gerade beschäftigt ist. Nur ein mittelmäßiger Verkäufer ist so total auf die Kundenanfrage fixiert, daß er an nichts anderes denken kann, als wenigstens dieses Minimalgeschäft über die Bühne zu bringen.

Ein Verkäufer in einem Bekleidungshaus, der seinen Kunden im Anschluß an den Kauf eines Anzugs nicht fragt, ob er ihm nicht noch ein Hemd mit der neuesten Kragenform und eine besonders gut passende Krawatte zeigen darf, sollte besser den Beruf wechseln. Denn es sind die „Dazukäufe", die sehr häufig den eigentlichen Gewinn einbringen.

Der Top-Verkäufer sieht ein Kundengespräch immer als ein Steinchen in dem Mosaik einer lang anhaltenden Kundenbeziehung, und der Dazuverkauf ist ein wichtiger Teil der Gesamtbeziehung zum Kunden. Nur ein Beispiel: Kürzlich benötigte einer meiner Mitarbeiter einen kleinen, handlichen Kassettenrecorder. Er ging in eine Niederlassung einer Haushalts- und Unterhaltungselektronikkette, die mit dem Slogan wirbt, daß ihre Kunden doch nicht blöd sind.

Er sagte dem Verkäufer ganz deutlich: „Ich suche ein kleines Aufnahmegerät, das mit Normalkassetten arbeitet!" Noch ehe der Verkäufer ihn fragte, wozu er dieses Gerät verwenden möchte, versuchte er, ihn von einem Diktaphon zu überzeugen, das mit kleinen Spezialkassetten arbeitet. Dann gab er ihm die sehr unbefriedigende Auskunft: „Für Normalkassetten haben wir nur dieses eine hier!" Darauf mein Mitarbeiter: „Was kostet das?" „89 Mark!" Dann schwieg er.

Er stellte keinerlei Fragen an seinen Kunden. Also mußte der diesen Part übernehmen. „Kann ich dieses Gerät bei einer Konferenz mit fünf oder sechs Leuten in die Mitte des Tisches legen und die Diskussion aufnehmen?" Und weiter: „Kann man in dieses Gerät ein Raummikro einstecken?" – „Ja!" – Mein Mitarbeiter ließ nicht locker: „Wo sind die, bitte?" – „Dort hinten!" – „Gut, können Sie mir die bitte zeigen?" – Schließlich entschied er sich für ein kleines Raummikro für 39,90 DM. Das war bereits ein Dazukauf von 45 Prozent. Etwas unbefriedigt ging mein Mitarbeiter zur Kasse.

## Der zweite Anlauf zur Selbstbedienung

In der Tiefgarage fiel ihm ein: „Du hast ja ganz vergessen, Kassetten mitzunehmen!" Er kehrte um, fand „seinen" Verkäufer und fragte ihn gut gelaunt: „Na, warum haben Sie nicht versucht, mir ein Paket Kassetten zu verkaufen?" Seine Antwort: „Da ist doch eine Kassette drin!" Mein Mitarbeiter kaufte schließlich ein Paket mit 5 Kassetten für 12,90 DM. Nun kam dem Verkäufer die Erleuchtung: „Da fällt mir ein, ich habe ganz vergessen, Ihnen zu sagen, daß keine Batterien dabei sind!" Selbstverständlich nahm mein Mitarbeiter diejenigen, die nach Information des Verkäufers am längsten halten. Weitere 9,95 DM waren fällig.

Auf eigenes Befragen des Kunden kam ein Dazukauf von insgesamt 62,75 DM zustande. Das waren über 70 Prozent der ursprünglichen Investition. Für einen motivierten Verkäufer wäre dieses Ergebnis noch ganz schön steigerungsfähig gewesen. Zum Beispiel hätte er noch einen Adapter für den Netzbetrieb anbieten können. Der hätte ebenfalls ungefähr 40 DM gekostet. Oder er hätte seinem Kunden die wesentlich teureren wiederaufladbaren Batterien verkaufen können – natürlich zusammen mit einem Ladegerät. Allein die winzige Frage: „Haben Sie in der nächsten Zeit viele Aufnahmen zu machen?" hätte den Umsatz bei den Kassetten und Batterien verdoppeln oder verdreifachen können.

Was dieser Verkäufer, den ich besser als „Verpenner" bezeichnen sollte, nicht wußte: Mein Mitarbeiter hatte sich in Gedanken für diesen Einkauf ein Limit von 300 bis 400 DM gesetzt und wäre bei einem entsprechenden Angebot bereit gewesen, auch 500 DM oder mehr auszugeben!

Ein Top-Verkäufer wird immer diese gedankliche Investitionsgrenze seines Kunden ausloten, indem er ihm etwas Teures, Exklusives, Verrücktes oder Begeisterndes anbietet. Ein Top-Verkäufer macht seinen Kunden heiß und läßt dessen Wünsche weit über die Grenze hinaus wachsen, die der sich ursprünglich gesetzt hatte.

Dieses kleine Beispiel kann man auf alle Branchen übertragen, auf die Extras beim Autokauf, auf die Zusatzleistungen bei der Lebensversicherung, beim Fertighauskauf, bei allen Arten von Dienstleistungen. Dieses Beispiel ist auch keineswegs auf den Verkäufer beschränkt. Der Handwerksmeister, der ein Angebot für einen Innenausbau unterbreitet, muß genauso drei, vier, fünf Alternativen anbieten, die sich preislich enorm unterscheiden können, wie der Zahnarzt, dem eine breite Palette an Zusatzleistungen von der Zahnsteinentfernung bis hin zur Rundumerneuerung der Kronen und Füllungen zur Verfügung steht.

Diese Zusatzverkäufe haben nichts damit zu tun, den Kunden „über den Tisch zu ziehen" oder ihm Dinge zu verkaufen, die er nicht braucht. Ganz im Gegenteil! Im Fall des Kassettenrecorders wäre mein Mitarbeiter mit einem teureren Kauf viel zufriedener gewesen.

Der Top-Verkäufer analysiert ständig die Emotionen seiner Kunden, indem er ihnen die richtigen Fragen stellt. Und vor allem vergißt der Top-Verkäufer nie die Frage: „Darf's etwas mehr sein?" Ein Mehr an Quantität, ein Mehr an Qualität und besser noch ein Mehr an Qualität und Quantität! „Darf's etwas mehr sein?" ist die Frage, die letztlich zu dem nicht unbedeutenden Mehr auf seinem Konto führt. Und der Top-Verkäufer weiß aus eigener Erfahrung: Dieses Mehr macht auch den Kunden glücklich!

## Der Abschluß

Um die zentrale Bedeutung des Abschlusses noch einmal zu dokumentieren, fasse ich die vier Stationen des Verkaufsgesprächs noch einmal zusammen.

1. der Aufbau des Vertrauens 40 Prozent
2. die Bedarfsanalyse 30 Prozent
3. die Präsentation 20 Prozent
4. der Abschluß 10 Prozent

Für den Erfolg im Verkauf müssen Sie für jede Phase eine bestimmte Menge an Zeit und Energie verwenden.

Manche Verkäufer sind unheimlich stark im Aufbau des Vertrauens. Sie kommen auch noch gut zurecht mit der Bedarfsanalyse. Für die Präsentation sind sie gut vorbereitet. Ihnen mangelt es nur an Mut für den Abschluß. Dabei liegt es doch auf der Hand, daß die 90 Prozent der investierten Zeit völlig nutzlos waren, wenn der Abschluß fehlt.

Das Gegenteil tritt ein, wenn ein Verkäufer nur auf den Abschluß fixiert ist und den Aufbau des Vertrauens, die Bedarfsanalyse und die richtige Präsentation geringachtet. Die Quittung dafür ist eine extrem hohe Stornorate.

Wenn ein Verkäufer seine Stärke in einer Phase zu sehr betont, wenn er etwa in der vertrauensbildenden Phase hängenbleibt, verkehrt sich diese Stärke automatisch in eine Schwäche. Der Kunde, der aus seiner Sicht ja ebenfalls an einem Geschäft interessiert ist, kommt wahrscheinlich zu der Überzeugung, daß er mit diesem Vielredner nichts mehr zu tun haben möchte.

Wer in der Bedarfsanalyse seine Stärke hat, aber nicht zur Präsentation des eigenen Produkts und schon gar nicht zum Abschluß kommt, erweckt den Eindruck, als sei er nur neugierig. Und der Verkäufer, der bei einer unendlich langen und detaillierten Präsentation hängenbleibt, wird leicht als trocken und langweilig angesehen.

Ein Top-Verkäufer entwickelt zweifelsohne Stärken in allen vier Phasen, und zwar mehr oder weniger in der oben angegebenen Gewichtung.

# Woran Verkäufer scheitern

Durchsetzen! An dieser Krönung des gesamten Verkaufsgesprächs scheitern 80 Prozent aller Verkäufer. Aufmerksamkeit erzeugen, Interesse wecken, darin sind viele Verkäufer noch sehr gut. Ihnen fehlt es am Durchsetzungsvermögen. Das bedeutet für viele: Du bist einen ganzen Tag, eine ganze Woche, einen ganzen Monat unterwegs gewesen, hast dich geplagt, hast immer wieder Hoffnung aufgebaut und stehst am Ende ohne Auftrag da. Das ist wirklich bitter und so häufig, daß es darüber Witze gibt. Zum Beispiel den, der diesen Mangel an Durchsetzungsfähigkeit wirklich auf den Punkt bringt:

Da treffen sich zwei Verkäufer abends in einem tollen Hotel am Stadtrand. Sagt der eine zum anderen: „Heute hatte ich eine ganze Reihe sehr, sehr guter Gespräche!" Darauf antwortet der andere: „Ja, ja, ich habe heute auch wieder nichts verkauft!"

Dieser wirklich traurige Witz aus dem Alltag des Verkaufens macht eines deutlich: Viele durchschnittliche Verkäufer stellen Kontakte her, suchen potentielle Kunden auf, präsentieren ihre Produkte, können stundenlang mit ihren Kunden über Einwände diskutieren, aber am Abschluß scheitern sie. Sie bringen es einfach nicht fertig, den Kunden konsequent zum Abschluß hinzuführen und die entscheidende Frage zu stellen: „Bekomme ich bitte den Auftrag?" Sie haben Angst vor einem Nein. Dieses gefürchtete Nein versuchen sie so lange wie möglich hinauszuschieben. Und genau diese Mutlosigkeit und Unentschlossenheit sind es, die sie um den Erfolg bringen. Sie nehmen lieber ein offenes Ende in Kauf, ein Unentschieden, als daß sie eine Entscheidung anstreben, die ihnen ein Nein bescheren könnte.

# Ausstieg oder Abschluß

Dabei ist doch eines festzuhalten: Der Abschluß ist die logische Konsequenz des gesamten Kundenkontakts. Darin unterscheidet sich der Verkäufer eben von einem Werbefachmann oder einem Marketingmanager. Er will und braucht einen Abschluß, um wirklich gut leben zu können. Der olympische Spruch „Dabei sein ist alles!" trifft auf den Verkäufer zu allerletzt zu. Stellen Sie sich einen Leichtathleten vor, der bei einem 3000-Meter-Lauf von Anfang an führt und der in der letzten Runde aussteigt und den Sieg kampflos irgendeinem Mitbewerber überläßt. Das ist kaum denkbar.

Es ist richtig: Jeder Verkäufer braucht eine gute Portion Siegeswillen, wenn er zu einem Abschluß kommen will. Kein Ziel ist ohne Kampf, ohne Durchsetzungskraft und ohne Schmerzen erreichbar. Voraussetzung für den Abschluß eines Geschäfts ist immer der Siegeswille. Außerdem kann man die Angst vor dem Abschluß und auch die Angst vor dem Nein überwinden, indem man die Kunst des Abschlusses verbessert.

Schwache Verkäufer setzen ihre ganze Hoffnung darauf, daß ihr Kunde sie gleichsam über die Ziellinie trägt, indem er von sich aus sagt: „Ihr Angebot hat mir so gut gefallen. Ich kaufe!" In der Regel ist es aber kaum zu erwarten, daß der Kunde von selbst auf einen Abschluß drängt. Der echte Verkäufer weiß, daß die Verantwortung für den Abschluß bei ihm liegt und nicht beim Kunden. Und er unterscheidet sich darin vom schwachen Verkäufer, daß er von sich aus den Abschluß anstrebt und auch durchsetzt. Er stellt sich vor Beginn des entscheidenden Gesprächs den Kunden beim Abschluß bildlich vor. Und er stellt sich vor allem ganz genau vor, mit welchen Argumenten er den Kunden zum Abschluß bringen wird.

Schließlich ist auch der Abschluß keine Hexerei. Ein guter Abschluß hat technische, aber auch künstlerische Komponenten. Und diese Komponenten sind erlernbar. De Abschluß ist der Dreh- und Angelpunkt für den Erfolg des Verkäufers.

## Übernehmen Sie die Verantwortung für den Abschluß

Das Wichtigste beim Abschluß ist zunächst, daß sich der Verkäufer klarmacht, daß die Verantwortung für den Abschluß ausschließlich bei ihm liegt. Und nicht beim Kunden. Natürlich ist der Abschluß ein Kräftemessen, bei dem der Kunde vor allem dann am längeren Hebel sitzt, wenn der Verkäufer seine Angst vor dem Nein nicht ablegt.

Diese Angst verringert sich jedoch in dem Maße, in dem der Verkäufer alle relevanten Punkte anspricht, die einerseits zum Kaufabschluß hinführen und die andererseits noch als ungeklärte Fragen im Raum stehen. Auch diese ungeklärten Fragen sind sehr häufig auf eine Mutlosigkeit des Verkäufers zurückzuführen. Das können Einschränkungen sein, in denen sich in den Augen des Kunden das Angebot nicht exakt mit seinen Bedürfnissen deckt. Mutlose Verkäufer versuchen bewußt, ihre Kunden von der Diskussion über diese Punkte fernzuhalten, weil sie sich nicht klarmachen, daß diese Punkte entweder kurz vor oder – was beinahe noch schlimmer ist – kurz nach dem Abschluß mit um so größerer Wucht hochkommen.

Und nichts ist einem guten Abschluß hinderlicher, als wenn kurz vor der Unterzeichnung noch wichtige, ungeklärte Fragen auftauchen. Damit überläßt der Verkäufer die Initiative seinem Kunden, und er kann nur noch hoffen, daß dieser dennoch abschließt.

Ein Verkäufer, der solche Wagnisse nicht eingehen will, präsentiert seine Lösungen mit Klarstellung aller Vor- und Nachteile mit der größten Überzeugung. Er weiß, daß er den Kunden nur dann auf eine Entscheidung hinführen wird, wenn er diese gedanklich als Verkäufer bereits in allen Einzelheiten durchgespielt hat. Dabei trifft er praktisch im voraus die Entscheidungen für den Kunden.

Ein wirklicher Profi bereitet vor jedem Verkaufsgespräch drei Abschlußmöglichkeiten vor und gibt nicht eher auf, bevor er nicht alle drei durchzusetzen versucht hat. Er weiß auch, daß er bei jedem Kundenkontakt davon ausgehen muß, daß er den Kunden bis zu sieben Mal ansprechen muß, um zu einem Abschluß zu kommen. Daraufhin verstärkt er rechtzeitig den Abschlußdruck.

## Kaufsignale der Kunden erkennen

Es gibt eine Reihe von Kaufsignalen, denen ein versierter Verkäufer entnehmen kann, daß der Kunde bereit ist, den Abschluß zu tätigen. Ein untrügliches Signal für ernsthafte Kaufabsichten ist zum Beispiel, wenn der Kunde von sich aus Fragen stellt. Das ist natürlich die beste Art von Kommunikation, die sich ein Verkäufer wünschen kann. Der Kunde verlangt mehr technische Informationen. Er überlegt, wie sich seine Arbeit, sein Leben verändern würde, wenn er das angebotene Produkt besäße. Er befindet sich damit praktisch an einem Punkt, an dem er vom Verkäufer die Bestätigung dafür erhalten möchte, daß seine Entscheidung richtig sein wird.

Neben diesen verbalen Signalen kann der Kunde seine Zustimmung auch durch optische und akustische Signale kundtun. Ein Lächeln zum Beispiel kann ein bedeutsames Kaufsignal sein. Die Augen werden größer. Handelt es sich bei den Kunden um ein Ehepaar, so zeigen sie sich gegenseitig ganz deutlich, daß sie bereit sind, sich für diese Wohnung, dieses Haus oder dieses Auto, diese Einrichtung oder diese Versicherungspolice zu entscheiden. Auch diese Situation erfordert sehr viel Fingerspitzengefühl. Ein erfahrener Verkäufer wird dieses Ehepaar niemals sich selbst überlassen, sondern mit viel Gespür die Kaufargumente des einen mit wenigen Worten unterstützen und keinesfalls Einschränkungen des anderen übergehen. Im Gegenteil, Einschränkungen müssen ganz besonders ernst genommen und kurz diskutiert werden. Nur dann lassen sie sich ausräumen bzw. in Richtung Abschluß lenken.

Der Wunsch, etwas noch einmal zu sehen, in die Hand zu nehmen und auszuprobieren, ist eines der deutlichsten Kaufsignale. Ebenso die Frage nach der Funktion eines Produkts oder dem Wert. Die Frage nach dem Preis leitet nicht selten die Ablehnung ein.

## Profis bleiben cool

Ein Profi wird niemals sein Verhalten ändern, wenn er spürt, daß der Abschluß bevorsteht. Ich spreche das deshalb ganz gezielt an, weil es gerade bei jüngeren Verkäufern so sehr verständlich ist, wenn sie ihre Freude über den bevorstehenden Abschluß zeigen. Mein dringender Rat lautet: Sprechen Sie während des Abschlusses in einem warmen, aber ja nicht aufdringlichen Tonfall. Und ändern Sie nie Ihren Tonfall oder Ihre Art zu sprechen, wenn Sie zur Abschlußsequenz übergehen. Achten Sie sorgfältig auf Ihr Verhalten.

Viele Verkäufer begehen den unverzeihlichen Fehler, so lange freundlich und zuvorkommend aufzutreten, solange sie sehen, daß ihre Kunden an dem Kauf interessiert sind. Dann werden sie schlampig, verändern plötzlich ihr Verhalten. Der warmherzige Ton verschwindet, um einem angespannten Verhalten Platz zu machen. Deshalb ist es immer wichtig, daß man die Abschlußtechnik so gut einstudiert, damit man sie jederzeit ungezwungen und aufmerksam einsetzen kann.

Ganz wichtig ist auch: Halten Sie nach jeder Abschlußfrage den Mund! Während der Abschlußphase für den Kunden die Antworten zu geben oder sie ihm in den Mund zu legen ist ein unverzeihlicher Fehler, der meistens sehr negative Folgen hat. Es gibt keine andere Möglichkeit. Sie müssen Ihrem Kunden den Ball zuspielen und dann darauf warten, daß er zurückkommt. Keinesfalls dürfen Sie – bildlich gesprochen – dem Ball nachlaufen und versuchen, ihn wieder zurückzuholen. Der Kunde muß sich aktiv am Kaufabschluß beteiligen. Wenn er das nicht tut, kommt der Kauf entweder nicht zustande, oder Sie bekommen durch Reklamationen, Rücktrittsforderungen oder dergleichen eine Menge Ärger.

## Die Nachkaufphase

Besonders wichtig nach jedem Abschluß ist die Nachkaufphase – wenn man einen Kunden langfristig an sein Unternehmen binden will. Jeder Kunde wird in Abständen wieder bestellen wollen. Wann sollte also die Nachkaufphase bzw. der Nachkaufservice beginnen? Im Idealfall beginnt er, bevor der Verkauf abgeschlossen wurde, denn der Abschluß stellt den Beginn einer Kundenbeziehung dar. Diese Beziehung ist einzigartig und läßt sich nicht auf Kollegen übertragen. Solange der Kunde Ihr Produkt nutzt, tragen Sie die Verantwortung für die Beziehung. Denken Sie daran: Der Kunde will Sie. Er kennt Sie. Er hat bei Ihnen gekauft, weil er Vertrauen zu Ihnen hat. Das läßt sich nicht so ohne weiteres auf Ihre Kollegen übertragen. Bedenken Sie, schon im Supermarkt freuen Sie sich, wenn Sie gelegentlich auf dieselbe Kassiererin treffen.

Sie können also diese Nachbetreueung nicht einfach einem Kollegen überlassen. Schon gar nicht, wenn es, aus welchen Gründen auch immer, Probleme mit der Lieferung, Rechnungsstellung oder dem Kundendienst kommt. Dann haben Sie die Aufgabe, den Kunden über den Stand der Dinge und über Abhilfemaßnahmen zu unterrichten.

# Überzeugender als alle Worte – die Körpersprache

In der bisherigen Form der Kommunikation zwischen Verkäufer und Kunde war im Grunde immer von vertrauensbildenden Gesprächen, von überzeugenden Darstellungen und von Argumenten die Rede. Ein Großteil der menschlichen Kommunikation läuft aber nicht über Worte, sondern über nichtverbale Verständigung.

Sicher haben auch Sie am Flughafen schon diese Szene beobachtet: Die Passagiere stehen am Förderband und warten auf das Gepäck. Da löst sich aus dieser Gruppe ein junger Mann, der suchend durch die Glasscheibe nach draußen blickt. Er macht einen gespannten, unruhigen und zugleich erwartungsvollen Eindruck. Plötzlich sieht er sie – die junge Frau, die ihn abholt. Sie winken sich heftig zu, ein Leuchten geht über ihre Gesichter. Sie werfen sich mit den Fingerspitzen Küsse zu und breiten ihre Arme aus, um sich in Gedanken zu umarmen.

Voller Ungeduld wartet er an dem Punkt des Förderbands, an dem die Gepäckstücke hochkommen werden. Immer wieder blickt er sich nach ihr um, und jedesmal, wenn er sie sieht, hebt er freudestrahlend die Augenbrauen. Da endlich kommt das Gepäck. Er greift rasch nach seinem Koffer, eilt nach draußen – die beiden laufen aufeinander zu und umarmen sich glücklich. Die Welt um sie herum ist nicht mehr vorhanden.

Eine wunderbare Erfolgsstory menschlicher Kommunikation, das meinen Sie doch auch? Und dabei ist zwischen diesen beiden jungen Leuten noch kein einziges Wort gefallen. Auch wir als Beobachter wußten ohne Worte diese beglückende Liebesgeschichte zu „lesen“, die uns in der verständlichsten aller Sprachen, nämlich in der Körpersprache, glaubhaft vorgeführt wurde.

Im Gegensatz dazu erinnert sich jeder von uns an Geschichten, die uns mit einem nicht enden wollenden Wortschwall erzählt wurden, ausdruckslos, bewegungslos, emotionslos und hoffnungslos langweilig. Wir hatten Mühe, die Zusammenhänge zu verstehen, und wir haben nichts davon behalten, obwohl uns diese Geschichte nicht etwa in einer Fremdsprache erzählt wurde. Wir haben jedes Wort deutlich gehört, aber der Inhalt dieser aneinandergereihten Wörter ist an uns vorbeigezogen wie die belanglose Hintergrundmusik in einem überfüllten Kaufhaus, weil uns ein Mensch gegenübersaß, der an dem, was er uns erzählte, innerlich keinen Anteil hatte. Seine Emotionen waren tiefgefroren

Sicher kennen Sie dieses Gefühl der Leere auch von einigen Verkaufsgesprächen. Sie fühlen sehr deutlich: „Ich bin bei meinem Gesprächspartner einfach nicht angekommen!" Das passiert immer dann, wenn man sich nur auf die Fakten vorbereitet hat, nicht aber auf das Wichtigste, auf den Menschen, der einem im Gespräch gegenübersitzt. Dieser „Gesprächspartner", dieser Partner im Gespräch, will eben nicht nur Fakten hören. Er will im ursprünglichen Sinn dieses schönen Wortes „angesprochen" werden. Fakten ohne ein Lächeln, Fakten ohne Emotionen, Fakten ohne Wärme und Sympathie hätten wir ihm auch per Fax übermitteln können.

Ja, Worte, die wir nicht mit Gefühlen unterlegen, sind in den Wind gesprochen. Sie bewegen nichts. Sie landen in der Leere. Worte, deren Sinn wir nicht durch die Sprache unseres Körpers zum Ausdruck bringen, sind im wahrsten Sinn des Wortes „sinnlos".

## Die Sprache des Herzens

Denken Sie an sich selbst und Ihre ganz persönlichen Erfahrungen mit der Körpersprache. Welches Lob Ihres

Chefs hat Sie während Ihrer Ausbildungszeit mehr gefreut: der Satz „Das haben Sie sehr gut gemacht. Ich bin mit Ihnen zufrieden, und ich erwarte, daß Sie auch weiterhin Ihr Bestes geben!“ oder wenn der Chef kurz zur Tür hereinkam, Sie freudig anlachte, begeistert die Augenbrauen hochzog, Sie mit großen Augen anleuchtete und Ihnen voller Anerkennung den erhobenen Daumen entgegenstreckte? Vielleicht sagte er dazu noch „Super!“, doch das war im Grunde nicht mehr nötig. Die Aufforderung, die nächste Aufgabe wieder genauso gut zu erledigen, wäre völlig überflüssig gewesen, denn Sie brannten bereits mit Feuereifer darauf, so schnell wie möglich wieder Ihr Können zu beweisen. Lob beflügelt, wenn es von Herzen kommt

Sie wissen also aus eigener erlebter Erfahrung – im Negativen wie im Positiven: Die Körpersprache ist die Sprache, die unmittelbar verstanden wird, weil sie vom Herzen kommt und immer zu Herzen geht! Direkt und ohne Umwege über den Intellekt! Nehmen Sie diese persönliche Erfahrung und diesen Wissensschatz mit in Ihre Verkaufsgespräche! Sobald Sie das Herz Ihres Kunden erreicht haben, brauchen Sie keine theoretischen Verkaufsargumente mehr.

## Körpersprache kann man lernen

Haben Sie sich mit Ihrer Körpersprache und mit der anderer Menschen schon bewußt beschäftigt? Wenn nicht, dann gebe ich Ihnen den Rat: Machen Sie sich einen Tag lang bewußt, wie viele Signale Ihnen wortlos übermittelt werden und wie diese auf Sie wirken. Ein herzliches Lächeln im Vorübergehen, ein fester Händedruck, die freundliche Geste, daß Ihnen jemand die Tür aufhält. All das sind kleine positive Botschaften, die unserem Leben Wärme und Schwung verleihen. Ich freue mich zum Beispiel jedes Mal, wenn ich im Straßenverkehr einem anderen Autofahrer die Vorfahrt gebe und er dankt mir mit einem kleinen Handzeichen. Wenn es ausbleibt, entsteht so ein minimales Gefühl der Enttäuschung.

Denken Sie daran, auch Ihre Kunden warten auf kleine Gesten der Sympathie, des Dankes, der Freude, ja, einfach der Übereinstimmung mit Ihnen.

In meinen Vorträgen und Seminaren beobachte ich sehr genau die Körpersprache meiner Seminarteilnehmer und Zuhörer. Und ich freue mich immer wieder, wenn ich feststellen kann, wie sich nach kurzer Zeit die verschränkten Arme lockern, wie von ihren Gesichtern dieser kritisch verschlossene Ausdruck verschwindet und die Menschen sich im wahrsten Sinn des Wortes mir zuwenden. Ihre ganze Haltung drückt nach kurzer Zeit aus, daß sie sich dem zuwenden, was ich ihnen von Herzen sagen will. Ganz hartnäckige Fälle von sichtbarer Verschlossenheit spreche ich direkt an, und in 99 Prozent aller Fälle gelingt es mir auch, diese von meiner Offenheit betroffenen Menschen für den Rest meines Vortrags von ihrem Panzer zu befreien.

Im Kundengespräch ist es ganz ähnlich. Da können Sie zwar nicht sagen: „Lieber Kunde, jetzt nimm mal bitte deine verschränkten Arme auseinander und hör auf, deine Gefühle hinter deiner verschlossenen Miene zu verstecken!“ Dennoch werden sich Ihre Gesten der Offenheit und Ihr Ausdruck freundlichen Selbstbewußtseins auf seine Körpersprache übertragen.

## Die Sprache unseres Körpers ist nie ausdruckslos

Wenn Sie einmal angefangen haben, die Sprache des Körpers zu interpretieren, haben Sie ein Hobby gefunden, das Sie Ihr ganzes Leben begleiten wird. Das Wissen von der immensen Bedeutung der Körpersprache und dessen ehrliche Anwendung wird Ihre Arbeit als Verkäufer sehr positiv beeinflussen. Menschen zu beobachten und aus ihrer Körperhaltung, aus ihren Bewegungen und nicht zuletzt aus der Art und Weise, wie sie gehen, auf ihre augenblickliche Stimmung und auf ihre grundsätzliche Lebenseinstellung zu schließen ist ausgesprochen spannend, unterhaltsam und für Ihren Erfolg als Verkäufer unerläßlich.

Sie werden vor allem eines sehr schnell erkennen: Wir sprechen ununterbrochen mit unserem Körper, auch wenn kein einziges Wort zu hören ist! Unser Körper spricht tatsächlich die beredteste Weltsprache, die wir uns vorstellen können. Das ist die Sprache, die wir von unserem ersten Lebenstag an zu sprechen und zu deuten gelernt haben – lange ehe wir unser erstes Wort artikulieren konnten! Unser Körper kann, ohne daß wir uns dessen immer bewußt sind, die ganze Skala menschlicher Gefühle ausdrücken: Mutlosigkeit, Niedergeschlagenheit, Hoffnungslosigkeit, Wut, Enttäuschung und natürlich auch gespannte Erwartung, Begeisterung, Zuversicht, Hoffnung, Entschlossenheit, Energie und Lebensfreude.

Irgendein Gefühl drückt unser Körper immer aus – und sei es das Gefühl: „Ich lasse heute keine Gefühle an mich rankommen!" Seien Sie sich dieser Tatsache immer bewußt, wenn Sie zu Ihrem Kunden gehen: Ihr Körper sendet immer deutlich lesbare Botschaften aus. Achten Sie darauf, daß diese Botschaften positiv sind. Denn eines sollte Ihnen ganz klar sein: Ihr Kunde kann Sie genauso „lesen" wie Sie ihn!

## Wie Sie Ihre Körpersprache verbessern können

Sind Sie mit Ihrer Wirkung auf Ihre Kunden zufrieden? Gehen Ihre Kunden freudig auf Sie zu, oder haben Sie eher den Eindruck: Wenn ich komme, läßt mein Kunde den Eisernen Vorhang herunter!? Das läßt sich ändern. Wenn Sie Ihre Kommunikation mit dem Kunden verbessern und ganz allgemein Ihre Anziehungskraft auf andere Menschen und damit Ihren Erfolg steigern wollen, müssen Sie zu allererst die positive Wirkung Ihrer Körpersprache stärken.

Nun fragen Sie wahrscheinlich: „Wie macht man das denn?“ – Es wird in letzter Zeit viel über die „Wunderwaffe Körpersprache im Verkauf“ geschrieben. Manches davon erweckt den Eindruck, als könne man andere Menschen durch die Körpersprache beliebig dirigieren und auf seine eigenen Absichten hin manipulieren. Das ist absolut unrichtig. Und zwar aus einem ganz einfachen Grund. Bei einer ehrlichen Äußerung bilden die Worte, die Stimme und der Körper bis in alle Einzelheiten eine Einheit. Und diese Übereinstimmung zwischen Denken und Tun, zwischen Gefühl und Ausdruck läßt sich nicht manipulieren.

Denken Sie nur an das Liebespaar am Flughafen. Sie wissen so gut wie ich, daß in einer echten Liebesbeziehung keine dieser Gesten bewußt vorausgeplant und eingesetzt wird! Etwa nach der Regieanweisung eines mittelmäßigen Schauspielers – jetzt Augen leuchten lassen und die Arme hochreißen. Jetzt Glück ausstrahlen. Ganz bestimmt nicht! Jede Bewegung war der spontane und ehrliche Ausdruck dieses wunderbaren Gefühls: „Ich liebe dich und freue mich, daß du jetzt da bist!“ Eine zweckgerichtete Verstellung hätten selbst wir als unbeteiligte Beobachter sehr schnell erkannt.

Gesten, die nicht ehrlich gemeint sind, verraten unsere wahren Absichten sehr schnell! Denken Sie nur an die Geste der Beteuerung, die Uwe Barschel bei seinem letzten Fernsehinterview einsetzte, um die Bevölkerung davon zu überzeugen, daß er in der nach ihm benannten Affäre die Wahrheit sprach. Das war vergebliche Mühe, denn jeder, der Körpersprache auch nur in Ansätzen zu lesen gelernt hat, erkannte spontan: Dieser Mann lügt! – Und das hat sich dann leider auch so bestätigt. Ehrlichkeit schafft Kraft, selbst noch in Niederlagen. Lüge schafft jeden, auch wenn er sich noch so siegessicher gibt!

## Ehrlichkeit bedeutet immer Übereinstimmung

Wenn Sie ganz ehrlich von Ihrem Angebot, von Ihrem Problemlösungsvorschlag oder was auch immer begeistert sind, klingt Ihre Stimme intensiv, Ihre Augen leuchten, Ihre Arme sind offen, der Körper strafft sich bis in die Finger- und Zehenspitzen. Vom „Scheitel bis zur Seele“ sind Sie wie ein gespannter Bogen.

Herrscht aber zwischen Ihrer Aussage und Ihren wahren Emotionen eine Diskrepanz, weil Sie gar nicht ehrlich begeistert sind, sondern nur annehmen, daß jetzt Ihre Begeisterung erwartet wird, dann werden unweigerlich entweder die Augen nicht leuchten oder die Schwingungen der Stimme sehr gedämpft rüberkommen, oder Sie setzen zu einer großartigen Geste der Entschlossenheit an, die in völliger Kraftlosigkeit endet. Irgendeine Diskrepanz zwischen Ihrer Aussage, Ihrer Sprache des Körpers und der Gestik Ihrer Arme und Beine wird Ihren inneren Zwiespalt immer verraten. Auch wenn Sie selbst vom Kopf her glauben sollten, sehr überzeugend zu wirken. Körpersprache kann man nicht vom Kopf her beschließen.

Dieses eherne Gesetz der Ehrlichkeit in der Körpersprache gilt in einem Verkaufsgespräch in ganz besonderem Maße. Warum? Weil Kunden in der Regel ganz besonders mißtrauisch sind. Schließlich geht es um ihr Geld oder um ihren Ruf, um ihre Stellung in der Firma. Wenn also die Begeisterung oder die Absichten eines Verkäufers nicht ehrlich sind, wird er seinen Kunden nicht mit einer einstudierten Mimik und Gestik vom Gegenteil überzeugen können. Es bleibt auf seiten des Kunden immer das ganz mulmige Gefühl zurück: „Der will mir was andrehen!“ oder „Der Preis ist zu hoch!“ oder auch „Diese Versprechungen mit den Lieferzeiten wird der nie einhalten können!“

## Mit dem Körper kann man nicht lügen

Samy Molcho, der große Kenner und Meister der Körpersprache, sagt: „Der Körper ist der Handschuh der Seele!“ Und er, der als großer Pantomime und Schauspieler jede Art von Stimmung bis in alle Feinheiten der Mimik und Gestik körperlich ausdrücken kann, schickt als Warnung hinterher: „Mit dem Körper kann man niemals lügen!“ Es nützt also nichts, wenn Sie mit einer bewußt einstudierten Handbewegung der Offenheit auf einen anderen zugehen, wenn Ihr Gesichtsausdruck und Ihre Stimme nicht dieselbe Botschaft der Offenheit und Freude vermitteln, weil in Ihrem Kopf sehr widersprüchliche Gefühle herrschen.

Ja, prägen Sie sich diesen Satz ganz fest ein: Mit dem Körper kann man nicht lügen! – Damit können Sie ständig überprüfen, bei sich selbst und natürlich auch bei anderen, ob sich der Ausdruck Ihres Körpers in ehrlicher Übereinstimmung mit Ihrem Denken und mit Ihren Gefühlen befindet.

Denken Sie deshalb bei allem, was Sie über Körpersprache hören oder lesen, an einen unumstößlichen Grundsatz:

*Körpersprache wirkt nur glaubhaft, wenn ein ehrlicher Mensch in diesem Körper steckt!*

Und versuchen Sie vor allem nie, mit dem Körper etwas anderes auszudrücken, als an Gefühlen in Ihnen vor sich geht. Ehrlichkeit der Körpersprache läßt sich nicht antrainieren! Die Überzeugungskraft der Körpersprache hängt immer untrennbar mit den ehrlichen Gefühlen zusammen, die Sie damit zum Ausdruck bringen. Das bedeutet nichts anderes, als daß Sie als erstes Ihre Einstellung zu sich selbst, zum Kunden und zu Ihrem Unternehmen auf den Prüfstand stellen und sich fragen müssen: „Verfüge ich wirklich über das Selbstvertrauen, mit dem ich meine Kunden beeindrucken will?" „Finde ich die Argumente des Kunden wirklich so überzeugend?" Oder denken Sie, während Sie heftig zustimmend nicken: „Wenn dieser dickfellige Mensch nur endlich meinen Auftrag unterschreiben würde!" Sind Sie Ihrem Unternehmen gegenüber wirklich so loyal, wie Sie in den Meetings immer vorgeben? Oder ist Ihre wahre Einstellung: „Solange ich nichts Besseres habe und die Kohle stimmt, kann ich ja ruhig sagen, daß das ein Superladen ist!"? Der Körper zeigt in seiner Sprache die Verfassung der Seele!

Ich habe auch Gesprächspartner vor Augen, die mir hoch und heilig versicherten: „Ich bin fest entschlossen, das und jenes zu tun!" Und dabei traten sie von einem Fuß auf den anderen. Ihre Hände waren ständig in Bewegung, und ihr Körper schwankte wie ein Schilfrohr im Wind. Ich brauchte zum vereinbarten Zeitpunkt gar nicht erst nachzufragen, um zu wissen, daß derartige Versprechungen nicht eingehalten werden. Kennen Sie das auch?

## Echte Begeisterung kann man nicht spielen

Gehen Sie an dieser Stelle ruhig noch einmal zurück zu dem Kapitel über Motivation und Begeisterung. Ich habe es aus gutem Grund als das wichtigste Kapitel an den Anfang gestellt. Sagen Sie nie: „Ich bin begeistert!“, wenn es nicht stimmt. Der Kunde spürt Ihre wahre Einstellung immer – zumindest intuitiv. Und wenn er gelernt hat, Körpersprache richtig zu lesen, dann entgeht ihm nicht die gerunzelte Stirn oder das Herabsinken der Mundwinkel oder auch die übertriebene Hochstimmung in Ihrer Stimme. Bleiben Sie immer bei der Ehrlichkeit. Sagen Sie Ihrem Kunden: „Von diesem Detail bin ich selbst nicht so ganz überzeugt. Wir werden es sicher im nächsten Jahr verändern, aber derzeit kann ich Ihnen nichts anderes anbieten!“

Ja, bringen Sie Ihre Aussagen immer ehrlich mit Ihren wahren Gefühlen in Einklang! Das gilt insbesondere für die Begeisterung. Erst wenn Ihre innere Begeisterung tatsächlich die Intensität erreicht hat, die Sie äußerlich vorleben, können Sie ein echtes Vertrauensverhältnis zu Ihren Kunden aufbauen.

Sie werden dann sehr schnell feststellen, daß sich Ihre Kundenkontakte positiv verändern, und was glauben Sie, in welche Richtung dann Ihre Umsätze tendieren? – Richtig! Nach oben, eben in die positive Richtung!

## Der Körper ist der Ausdruck Ihrer Persönlichkeit

Die Wirkung Ihrer Persönlichkeit geht vor allem über die Körpersprache. – Warum das so ist? – Die Antwort auf diese Frage lautet ganz einfach:

*Ihre Lebensweise bestimmt Ihr Aussehen.*
*Ihr Aussehen bestimmt Ihr Ansehen!*

Ihr Körper drückt nämlich sehr deutlich aus, in welcher körperlichen, geistigen und seelischen Verfassung Sie sich befinden. Ihr Körper, Ihre Gangart, die Bewegungen Ihrer Hände, Ihr Gesichtsausdruck, der Glanz in Ihren Augen zeigen, wieviel Energie und Spannkraft in Ihnen steckt, ob sie lustlos oder ehrgeizig sind, ob Sie quirlig oder eher bedächtig sind, und nicht zuletzt, wieviel Disziplin Sie haben.

Betrachten Sie sich mal ganz unvoreingenommen und ehrlich selbst im Spiegel. Welches Gefühl weckt diese Person, die Sie da anblickt, in Ihnen? Sehen Sie einen optimistischen Menschen? Sehen Sie einen glücklichen Menschen? Einen Menschen, der Vertrauen in seine eigenen Fähigkeiten, in seine Kraft und in seine Phantasie hat? Oder sehen Sie einen Menschen, dessen Körpersprache ein einziges großes Fragezeichen darstellt, der sich Sorgen macht, der Angst vor der Zukunft hat, der sich vor jeder Herausforderung am liebsten verstecken würde? Der Körper spricht die Sprache des wahren Ich.

Ihr äußeres Erscheinungsbild, Ihr Auftreten, Ihr Gesicht sind der klare und manchmal auch schonungslose Spiegel Ihres gegenwärtigen körperlichen, geistigen und seelischen Zustands. Ihre innere Welt, Ihr Seelenzustand, Ihr gesamtes Befinden sind für einen aufmerksamen Beobachter äußerlich erkennbar. In Bruchteilen von Sekunden erkennt er die Kraft der Persönlichkeit, die ihm gegenübertritt.

## Bezaubernde Jenny

Dabei denke ich an eine sehr schöne Begegnung, von der mir dieses rasche und absolut sichere Erfassen einer

Situation durch eine sympathische, warmherzige und fröhliche Persönlichkeit ganz besonders deutlich in Erinnerung bleibt.

Ich war zusammen mit meinem Freund Manfred Glück zu einem Motivationsseminar von Tony Robbins nach Wales gefahren. Tony Robbins, weltweit einer der bedeutendsten Motivationstrainer, hatte über 2000 Teilnehmer aus ganz Europa zu dieser Motivationsveranstaltung in die Stadthalle von Cardiff gelockt. Stunden vor Beginn herrschte bereits ein atemberaubendes Gedränge auf den Fluren mit den Anmeldecountern. Dort wurden uns zusammen mit unseren Seminarunterlagen braune Plastikbänder überreicht, die wir für die kommenden vier Tage als Eintrittsausweis am Arm tragen sollten.

## Upgrading

Wir fanden sehr schnell heraus, daß die braunen Bänder die billigste Kategorie der Plätze darstellten. Wir wären damit in den hintersten Reihen gelandet. Wir mußten uns so schnell wie möglich „upgraden“, denn wir wollten Tony Robbins ganz aus der Nähe erleben, zumal ich plante, einen meiner nächsten Motivationstage zusammen mit Tony Robbins abzuhalten. Ohne lange zu überlegen, stellte sich Manfred nochmals an einem der Empfangsschalter an. Ich warf einen Blick auf die Mannschaft, die dort versuchte, dem Ansturm der Menschen Herr zu werden, und hatte sofort das Gefühl, daß uns das nicht weiterbringen würde. Da sah ich auch schon, wie eine dieser jungen Helferinnen bedauernd den Kopf schüttelte. „Leider nichts zu machen!“ Sie hatte diese typische „Geht nicht!“-Miene aufgesetzt, die deutlich zeigte, daß sie schon mit dem normalen Ablauf überfordert war. Manfred verlor keine weitere Zeit mit ihr und kam zurück.

Beinahe im selben Augenblick sah ich eine junge, dynamische Frau den Gang entlangeilen. Ihr hübsches Gesicht strahlte eine ungewöhnliche Selbstsicherheit aus. Mit ihren leuchtenden Augen und ihrer tollen Körperhaltung stach sie förmlich aus dieser Menschenmenge heraus. Spontan ging ich auf sie zu, denn es war von ihrem ganzen Auftreten her sofort klar, daß sie zum Organisationsteam gehörte. Ich lächelte sie an und signalisierte ihr damit gleichzeitig, daß ich sie sprechen wollte. Sofort kam sie mir entgegen. Ich zeigte ihr unsere braunen Bänder und fragte sie, ob es noch möglich war, Plätze in einer besseren Kategorie zu kaufen. Ohne Zögern kam von ihr die freundliche und kompetente Antwort: „Ja, ich verstehe. Ich werde euch beide upgraden. Ihr bekommt zwei grüne Armbänder von mir. Das ist die beste Kategorie, die ich zu vergeben habe!“ Als ich sie fragte, wie hoch der Aufpreis sei, schüttelte sie nur kurz und energisch den Kopf. „Das bekommt ihr von mir umsonst!“

Diese kurze Begegnung lief ab wie in einem Leuchtfeuer der gegenseitigen Sympathie. Innerhalb weniger Sekunden hatte sie, gleichsam auf einer Welle positiver Ausstrahlung, mit Kompetenz und freundlicher Entschiedenheit ein kleines Problem gelöst, das jemand anders mit einem Kopfschütteln von sich weggeschoben hatte, ehe er überhaupt über eine mögliche Lösung nachgedacht hatte. Jenny dagegen schien aus einer anderen Welt zu kommen. Ja, glauben Sie mir, Menschen, die motiviert sind, kommen immer aus einer anderen Welt!

## Austausch mit Ausstrahlung

Klar, daß sich an den Austausch der Bänder ein kurzes Gespräch anschloß. Ich wollte einfach wissen, wer diese bezaubernde Person war, woher sie kam und was sie bei dieser Veranstaltung für eine Funktion hatte. Sie hieß

Jenny, kam aus Holland und war mitverantwortlich für die Organisation dieser Seminare in Europa. Sooft wir uns in diesen Tagen begegneten, wechselten wir ein paar Worte oder zumindest eine kleine Geste der Begrüßung. Sie strahlte bei jeder dieser Begegnungen mit einer unglaublichen Power zurück, und nie war der Ausdruck ihres Wesens anders als in diesen ersten wenigen Sekunden, in denen ich ihre Kompetenz und warmherzige Ausstrahlung erfaßt hatte. Mein intuitiver Blick für Menschen, hinter dem meine jahrzehntelange Erfahrung als Verkäufer steht, hatte mir in wenigen Sekunden gesagt, daß sie für die Lösung unseres kleinen Problems genau die Richtige war.

Ja, Verkäufer müssen in der Lage sein, mit einem Blick denjenigen aus einer Menschenmenge herauszufinden, der ihnen weiterhelfen kann. Suchen auch Sie „die bezaubernde Jenny", wenn Sie mit den „Kopfschüttlern" nicht weiterkommen. Es gibt sie – überall! Danke, Jenny!

## Die Körperhaltung bestimmt unsere Emotionen

Bisher war nur die Rede davon, daß unser Körper unsere Emotionen wiedergibt. Ist Ihnen bewußt, daß unsere Körperhaltung umgekehrt auch unsere Emotionen beeinflussen kann?

Glauben Sie mir, die Sprache des Körpers gibt Ihre geistige und seelische Verfassung nicht nur wieder, sie gibt sie sogar vor. Probieren Sie es ruhig aus. Breiten Sie Ihre Arme aus, blicken Sie mit einem freudigen Gesicht nach oben und denken Sie dabei: „Mir geht es heute wieder mal hundsmiserabel!" Sie werden diesen negativen Gedanken kaum denken, geschweige denn körperlich nachempfinden können. Ist das nicht großartig?

Versuchen Sie bitte auch den Gegenbeweis! Lassen Sie die Schultern hängen. Legen Sie Ihr Gesicht in Falten, senken Sie Ihren Kopf auf die Brust, und versuchen Sie, dabei zu denken: „Heute ist ein wunderbarer Tag!“ Sie werden sehr schnell spüren, daß es Ihnen besser bekommt, wenn Sie aus diesen beiden Versuchen eine positive Kombination herausarbeiten. Ja, breiten Sie die Arme aus, blicken Sie mit einem freudigen Lachen nach oben, und rufen Sie: „Ja, heute ist ein herrlicher Tag!“

Spüren Sie, wie Ihr Denken, Fühlen und Handeln tatsächlich diese Autosuggestion übernimmt, die von Ihrem Körper ausgeht? Probieren Sie es aus, wenn Sie zu Ihrem nächsten schwierigen Kundengespräch fahren. Stimmen Sie sich körperlich auf Ihre positive Ausstrahlung ein, und nutzen Sie die unglaubliche Wechselwirkung zwischen dem Ausdruck Ihres Körpers und Ihren Gefühlen.

Stellen Sie sich vor, daß Sie den Auftrag bereits in der Tasche haben. Welche Körperhaltung würde das bei Ihnen auslösen? Vielleicht ballen Sie die Fäuste und knien sich nieder wie ein Torschütze, dem soeben der Siegtreffer gelungen ist. Wenn Sie in dieser zuversichtlichen Körperhaltung noch laut den Satz sagen: „Ja, ich schaffe es!“, dann spüren Sie ganz deutlich, wie sich in Ihrem Körper ein Gefühl der Zuversicht ausbreitet. Probieren Sie es aus, auch wenn Sie ein Gefühl der Niedergeschlagenheit überfällt. Sie werden die positive Wirkung, die Ihr Körper signalisiert, sehr deutlich spüren. Und wissen Sie, woher im Verkauf die Magie der positiven Ausstrahlung kommt? Ihre Kunden können das positive Denken, das diese Ausstrahlung bewirkt, intuitiv an Ihrem Körper ablesen.

## Die positive Programmierung Ihrer Körpersprache

Wie bei allem, was Sie an sich verändern und verbessern wollen, genügt es nicht, wenn Sie diese positive Korrektur Ihrer Körpersprache jeweils nur vor schwierigen Verhandlungen vornehmen. Wiederholen Sie dieses kleine Experiment jeden Morgen. Laden Sie Ihren Körper mit dieser zuversichtlichen körperlichen und geistigen Haltung. Ballen Sie die Faust, und sagen Sie zehn Mal oder auch 100 Mal: „Heute wird ein erfolgreicher Tag, ich schaffe es!“ Stellen Sie sich dabei ganz deutlich Ihr Gegenüber vor. Lächeln Sie, und sagen Sie laut und deutlich zu sich selbst: „Ja, ich gewinne!“ Und Sie werden sich während des ganzen Tages, auch wenn noch so viele Probleme auftauchen sollten, ganz gewiß an diesen Ausdruck der Zuversicht, des Selbstvertrauens und des bevorstehenden Erfolgs erinnern. Das ist in wenigen Worten die Botschaft meines Buches „Du schaffst, was du willst!“, das bereits kurz nach Erscheinen mehrere 10000 Leser fand. Von vielen von ihnen bekomme ich täglich E-Mails, Briefe und Faxe, die mir bestätigen, daß von dieser Botschaft eine enorme positive Kraft ausgeht.

Und dieser Ausdruck der Zuversicht und des Selbstvertrauens wird von Ihren Gesprächspartnern wahrgenommen werden. Glauben Sie, daß diese davon unbeeindruckt bleiben werden? Ganz sicher nicht! Denn eine ehrliche Körpersprache überzeugt mehr als tausend Worte.

Wenn Sie dabei Ihren Gesprächspartnern ganz offen und interessiert ins Gesicht blicken, festigen Sie den Eindruck, daß Sie in Ihrem Denken und in Ihrem Gefühl vorbehaltlos mit dem übereinstimmen, was Sie sagen. Sie zeigen, daß Sie nichts zu verbergen haben. Deshalb sollten Sie auch daran denken: Wer verkaufen will, muß permanent einen intensiven und lebendigen Augenkontakt zu seinem Gesprächspartner herstellen!

Sie werden sehr bald feststellen, daß Sie sich mit dieser offenen und ehrlichen Art Sympathie und Vertrauen erwerben können. Sie werden Ihren Gesprächspartnern mit geradezu magnetischer Kraft zu verstehen geben, daß Sie bei aller Unterschiedlichkeit der Auffassungen eine liebenswerte und großzügige Person sind, daß Sie eine Person sind, die an diesem Gespräch ein echtes persönliches Interesse hat.

## Die Bedeutung der ersten Begegnung

Im gesamten zwischenmenschlichen Bereich, im privaten wie im beruflichen, spielt die erkennbare Übereinstimmung zwischen Worten, Gesten und Körperhaltung eine eminent wichtige Rolle. Auf dieser ehrlichen Übereinstimmung beruht Ihr ganzer persönlicher Einfluß.

Dieser persönliche Einfluß auf andere Menschen muß bereits in der ersten Begegnung spürbar sein. Niemand erhält eine zweite Chance, um einen guten ersten Eindruck zu machen! Auch diese simple Erkenntnis sollten Sie sich immer wieder bewußtmachen. Sagen Sie sich vor jeder ersten Begegnung mit einem Kunden: „Ich habe nur diese eine Chance, einen guten ersten Eindruck zu machen!“ Und konzentrieren Sie sich wie ein Bogenschütze auf diesen einen Pfeil im Köcher!

Ihr fester Händedruck, Ihr gerader, offener und freundlicher Blick, der erwartungsvolle Ausdruck Ihres Gesichts und vor allem Ihrer Augen werden Ihr Gegenüber für Sie einnehmen und im Verlauf des Gesprächs immer stärker fesseln – wenn Sie diesen Ausdruck über ein längeres Gespräch beibehalten. Das gelingt aber nur, wenn er ganz Ihrem Denken, Fühlen und Handeln entspricht.

## Alarmsignale

Sie kennen sicher Gesprächssituationen, in denen der Gesprächspartner großes Interesse vorgibt und innerhalb von fünf Minuten dreimal verstohlen auf die Uhr guckt oder gähnt, wenn er glaubt, daß Sie gerade nicht zu ihm hinschauen. Für Sie ist das ein unübersehbares Anzeichen, daß zwischen seinem vorgespielten Interesse und seinem tatsächlichen Gefühl eine große Diskrepanz herrscht. Vielleicht haben Sie sich derartige Beobachtungen bisher gar nicht rational bewußtgemacht. Dennoch ist Ihr Eindruck von diesem Gespräch zumindest in Ihrem Unterbewußtsein mit einem sehr unbefriedigenden Gefühl verbunden.

Diese häufig nicht bewußt wahrgenommenen widersprüchlichen Signale müssen Sie „lesen und interpretieren“ lernen. Ein Top-Verkäufer braucht einen mehr als durchschnittlichen Weitblick und eine überdurchschnittliche Kenntnis der Körpersprache, um Menschen auf den ersten Blick einschätzen zu können und zu sehen, ob sie bereit sind, mit ihm zusammen an einem gemeinsamen Erfolg zu arbeiten, oder ob es sich um Menschen handelt, vor denen man sich besser in acht nimmt. Er kann auf scheinbar unmerkliche Veränderungen im Verhalten seines Gesprächspartners viel besser reagieren und einem etwaigen Nachlassen des Interesses durch erhöhte Aufmerksamkeit entgegenwirken.

Warum legt jemand seine Hand quer über den Mund, während er mir zuhört? Drückt er damit aus, daß ihm „etwas auf der Zunge liegt“, was er nicht sagen darf? Was bedeutet es, wenn sich jemand ständig mit dem Zeigefinger an die Nase faßt? Und was kann ich daraus schließen, wenn sich mein Gegenüber im Gespräch zurücklehnt und die Hände im Nacken zusammenfaltet? Ist für ihn die Sache abgehakt, oder glaubt er, mich da zu haben, wo es seinen Interessen am besten nützt?

Es gibt natürlich auch ganz eindeutige Gesten, die Sie geradezu in Alarmzustand versetzen müssen – wenn Ihr Gesprächspartner zum Beispiel mitten im Gespräch seinen Terminplaner zusammenklappt und den Kuli in seine Jackentasche steckt. Oder wenn er seine Arme auf den Tisch aufstützt, die Hände faltet, das Kinn auf die Daumen auflegt und so praktisch seinen Mund verschließt. Wenn Ihnen auf eine derartige Geste hin nicht schnellstens ein Gedankenblitz einfällt, ist Ihr Gespräch praktisch beendet – selbst wenn Ihr Gegenüber aus einem Rest von Höflichkeit vielleicht noch sitzen bleibt.

Es sind weniger die Worte, sondern eher solch widersprüchliche Gesten, die bei Ihnen das nagende Gefühl im Unterbewußtsein hervorrufen: Irgend etwas stimmt nicht!

## Die Körpersprache besteht aus ganzen Sätzen

Der Gesamtausdruck der Körpersprache besteht, wie Sie sicher wissen, selten aus einer einzigen Geste oder einem einzigen Signal. Besonders bei einer ersten Begegnung senden Kunden in Richtung Verkäufer oft ganze Bündel von widersprüchlichen Körpersignalen. Um so eindeutiger sollte Ihre Körpersprache sein.

Es gibt glücklicherweise so viele positive Signale, um echtes Interesse, echte Anteilnahme an einem Gespräch zu zeigen – wie Kopfnicken, sich vorbeugen oder „große Augen machen". Diese Mimik und Gestik können Sie noch verknüpfen mit zustimmenden Lauten oder kurzen Einwürfen wie „Aha, ich verstehe!" oder ähnlichen.

Wenn solche positiven „Signalbündel" vom Kunden kommen, bedeutet das für Sie, daß Sie unter Umständen quasi über eine Abkürzung zu einem Abschluß kommen können.

Eines sollten Sie im Zusammenhang mit der Körpersprache ebenfalls festhalten: So wie der Sinn einer Aussage meistens aus einer Reihe von einzelnen Wörtern erkennbar wird, so setzt sich die „Aussage“ bei der Körpersprache ebenfalls aus vielen Einzelsignalen zusammen.

In jedem Fall werden Sie immer ein ganzes Bündel von Signalen gleichzeitig wahrnehmen, um die richtigen Schlüsse daraus ziehen zu können. Innerhalb eines langen Gesprächs bedeutet nicht jedes Zurücklehnen: Ich habe kein Interesse mehr!

## Antworten in der Körpersprache

Stellen Sie sich nun einige Situationen vor. Da sitzen sich an einem Tisch zwei Menschen gegenüber, der eine mit verschränkten Armen und zusammengekniffenen Augen. Der andere rutscht unruhig auf seinem Stuhl herum, versucht, sich an der Lehne festzuhalten, rückt ganz vor an die Stuhlkante, schlingt seine Füße um die Stuhlbeine und verändert permanent seine Haltung. Es ist selbst für einen zufälligen Beobachter ganz offensichtlich, wer von den beiden sich in der dominierenden und wer sich in der Verliererposition befindet. Derjenige, der schon rein optisch mit seinem Körper ausdrückt, daß er keinen festen Standpunkt hat, ist immer der Verlierer.

Sollte ein Gesprächspartner versuchen, Sie mit einer Art Imponiergehabe zu beeindrucken, dann können Sie dieses aggressive Signal abwehren, indem Sie den Rükken durchstrecken und das Kinn anheben – allerdings nicht zu stark, da diese Haltung sehr herausfordernd wirken kann. Wenn Sie Ihrerseits dem Kunden etwas verdeutlichen wollen, können Sie die Intensität Ihrer Erklärungen verstärken, indem Sie sich vorbeugen und entscheidende Aussagen mit klaren, linearen Handbewegungen unterstreichen.

## Die Pantomime der Übereinstimmung

Ganz anders wird die Gesprächsatmosphäre interpretiert, wenn sich zwei Menschen gegenübersitzen, ruhig und freundlich miteinander sprechen, sich im Gespräch sichtbar abwechseln, dazwischen lächeln und – was ganz wichtig ist – sich in ihrer Körperhaltung spiegeln. Sie beugen sich zueinander, legen fast zeitgleich eine Hand aufs Knie, lehnen sich zurück, stützen den Kopf in eine Hand usw. Ganz unbewußt bewegen sie sich in einer Pantomime der Übereinstimmung. Menschen, die sich so verhalten, nehmen augenscheinlich nicht nur dieselbe Körperposition ein, sondern auch dieselbe gesellschaftliche oder rangmäßige Position.

Aus dieser Beobachtung können Sie tatsächlich einen großen Vorteil ziehen, denn Sie werden sehr schnell feststellen, daß Ihr Gegenüber es intuitiv als ein Signal des gemeinsamen Einverständnisses wertet, wenn Sie seine Körperhaltung spiegeln. Das sollten Sie natürlich nur bei positiven Haltungen tun. Es signalisiert alles andere als Übereinstimmung, wenn sie seinen gesenkten Kopf und seine verschränkten Arme spiegeln. Bildlich gesprochen: Auch zwei Stiere, die mit gesenkten Hörnern aufeinander losgehen, spiegeln sich in ihrer Körperhaltung.

## Vorsicht bei Berührungen

Ganz große Vorsicht ist angebracht bei der Berührung in Gesprächen mit Kunden. Es ist in unserem gesellschaftlichen Leben so üblich geworden, andere Menschen seine Zuneigung „spüren“ zu lassen, angefangen von „Bussi links und Bussi rechts“ bei der Begrüßung bis zum kräftigen Klaps auf die Schulter bei der Verabschiedung.

Einem anderen zur Bestätigung die Hand auf den Arm oder auf die Schulter zu legen setzt gegenseitige Sympathie oder Freundschaft voraus. Wenn das nicht gegeben ist, stoßen solche Gesten auf totale Ablehnung. Sie sind nicht selten ein Zeichen von Dominanz, was schon daran deutlich wird, daß ein Angestellter niemals seinem Chef den Arm oder die Hand auf die Schulter legen würde.

Das bedeutet insgesamt, daß körperliche Berührung – mit Ausnahme eines kräftigen Händedrucks – bei einem normalen Kundengespräch nichts zu suchen hat. Schon zu große körperliche Nähe wird von vielen Kunden als unangenehm empfunden. „Der ist mir vielleicht auf den Pelz gerückt!" ist ein Resümee, das nicht gerade zu weiteren Gesprächen einlädt. Trotz aller Freundlichkeit und Sympathie den richtigen Abstand zu wahren ist beim Gespräch mit dem Kunden von allergrößter Bedeutung!

Vor allem als international tätiger Verkäufer sollten Sie beachten, daß in asiatischen Ländern körperliche Berührung während des Gesprächs absolut tabu ist!

## Die Körpersprache in der Sprache

Es würde zu weit führen, hier das ganze Arsenal der Körpersprache ausführlich zu behandeln. Aber es ist eminent wichtig, daß Sie sich der Ausdrucksmöglichkeiten Ihres Körpers, Ihres Gesichts, Ihrer Augen und natürlich Ihrer Stimme bewußt sind. Mit der richtigen Körpersprache können Sie jeden Menschen unmerklich und nachhaltig in Ihrem Sinne überzeugen, auch Menschen, die in sehr hohen Positionen sitzen, Menschen, die über Wissen und Macht verfügen und ein entsprechend hohes Ansehen genießen.

Allein dieser Ausdruck „Ansehen genießen" zeigt, wie wichtig für die zwischenmenschliche Kommunikation das ist, was der andere „uns ansieht"! Die Haltung bewahren, die Fassung verlieren, Eindruck machen oder – das Schlimmste, was einem in asiatischen Ländern passieren kann – „sein Gesicht verlieren“, ein arrogantes oder ein sympathisches Auftreten: Alle diese Ausdrücke zeigen, wie wichtig bei der Beurteilung eines Menschen für uns die Körpersprache ist.

Körpersprache, Gestensprache, Mienenspiel machen nach wissenschaftlichen Untersuchungen mehr als 80 Prozent die Kommunikation aus. Das verwundert nicht, denn die Körpersprache hat sich lange vor der Sprache mit Wörtern herausgebildet. „Sich beschnuppern“, um dann festzustellen, daß man jemanden sympathisch findet oder ihn „nicht riechen kann“, jemanden offen und herzlich anlächeln oder ihm „die Zähne zeigen“, das sind untrügliche körperliche Reaktionen, an denen auch das gepflegteste Ambiente einer Vorstandsetage nichts verändert.

## Eine Begrüßung, die immer verstanden wird

Zum Schluß dieses kleinen Ausflugs in die Körpersprache möchte ich Sie noch auf ein Detail aufmerksam machen, das die Verhaltensforschung weltweit bei Menschen der unterschiedlichsten Herkunft und des unterschiedlichsten Standes der Zivilisation untersucht hat. Es ist das Hochziehen der Augenbrauen zur Begrüßung. Dieses freundliche Hochziehen der Augenbrauen wird in Japan, in China, bei den Eskimos und bei den Tuaregs in gleicher Weise als Zeichen einer freundlichen und friedlichen Begrüßung verstanden. Es funktioniert zwischen Menschen, die sich ansonsten überhaupt nicht verständigen können, und es ist selbstverständlich ein Ausdruck der Freude, der Sympathie, des Interesses, wenn Sie es noch vor einem festen Händedruck und der verbalen Begrüßung quasi als Einleitung der freundlichen Annäherung zeigen. Es ist genauso international verständlich wie ein freundliches Lächeln.

Menschen, die bei der Begrüßung „keine Miene verziehen“ und schon gar nicht diese freundliche Geste mit den Augenbrauen zeigen oder wenigstens ein kleines Lächeln für Sie übrig haben, lassen ziemlich schwierige Verhandlungen erwarten. Sie aber können mit einem Lächeln und dieser Begrüßungsgeste der Augenbrauen international werden!

## Lernen Sie, die Körpersprache zu lesen und anzuwenden

Das ist mein wichtigster Rat in diesem Bereich. Es gibt eine Reihe von Büchern, die sich ausschließlich mit diesem Thema beschäftigen, und gelegentlich sollten Sie auch an einem Seminar über Körpersprache teilnehmen. Lassen Sie aber vor allem keine Gelegenheit aus, Menschen zu beobachten, ihre Gesten, ihre Mimik und ihre Körperhaltung zu studieren, und fragen Sie sich gleichzeitig immer, was kleine, scheinbar unwichtige Verhaltensänderungen bedeuten können. In dem Maß, in dem Sie lernen, diese für die menschliche Kommunikation so überaus wichtige Sprache zu deuten, wird sich auch Ihre eigene Körpersprache verbessern.

Die Sicherheit, das unerschütterliche Selbstvertrauen, das Sie allmählich entwickeln werden – und das natürlich nicht mit Arroganz zu verwechseln ist – läßt sich aus Ihrer ganzen Haltung und vor allem auch aus Ihrem Blick ablesen.

# Anziehungskraft, Ausstrahlung, Charme – was ist das?

Sicher ist Ihnen schon bei Veranstaltungen aufgefallen, daß einige Menschen eine unwiderstehliche Faszination auf ihre Umgebung ausüben. Ihr kleinstes Lächeln, jede Geste der Zuwendung wird freudig wie ein Segen empfangen. Das ist nicht unbedingt eine Frage der Position, die sie gesellschaftlich einnehmen. Andererseits ist es doch so, daß Menschen, die diese Ausstrahlung haben, so gut wie immer in hohe gesellschaftliche Positionen aufsteigen.

Das Geheimnis dieser Anziehungskraft ist ihr Charisma, ihr Charme – eine rational nicht ganz erklärbare magnetische Kraft. Nicht umsonst bedeutet das Wort Charme Zauber.

Dank ihres natürlichen Charmes ziehen diese Menschen die angenehmen Dinge des Lebens wie ein Magnet an: Erfolg, Glück, Liebe Freundschaft, Geld, Ruhm und Wohlstand.

Das wichtigste Geheimnis dieser geradezu magnetischen Anziehungskraft liegt in der Unerschütterlichkeit, die Sie in allen Situationen des Lebens beweisen sollten. Sie dürfen sich von Problemen innerlich nicht so stark berühren lassen, daß Sie sozusagen nicht mehr Herr Ihrer Reaktionen sind. Ich weiß, daß das einfacher gesagt als getan ist. Dennoch kann man diese Fähigkeit, diese Haltung Schritt für Schritt lernen. Die meisten Menschen wirken „niedergeschlagen", wenn berufliche oder private Probleme auftauchen. Ja, das ist der richtige Ausdruck – wie wenn man sie physisch „niedergeschlagen" hätte. Charme, Ausstrahlung und Charisma sind Zeichen eines offenen, sympathischen, den anderen Menschen zugewandten Denkens, das sich durch die Sprache des Körpers mitteilt.

## Haltung bewahren

Damit Sie in schwierigen Situationen nach außen Haltung bewahren können und Ihr Gesicht stets ruhig und entspannt bleibt, müssen Sie eine Art Schutzschild zwischen sich und die Probleme stellen, die in Verhandlungen auftauchen können. Viele Menschen machen sich, wenn etwas schiefläuft, zusätzlich noch selbst fertig. Sie sagen zu sich: „Mein Gott, was bin ich für ein Versager!" oder „Ist doch logisch, daß so etwas immer mir passiert!" Oder sie fühlen sich klein und am Boden zerstört, wenn ein Vorgesetzter oder auch ein Kunde sie anschreit und ihnen Vorwürfe macht.

Statt dessen sollten Sie in derartigen Situationen zu sich selbst sagen: „Ganz egal, was man mir vorwirft oder antut – ich bin ein tüchtiger und wertvoller Mensch!" Diese Reaktion kann man im voraus üben und immer wiederholen. Wenn Sie diese innere Haltung bei sich programmieren, können Sie selbstverständlich eine andere Aussage formulieren – solange sie genauso positiv und aufbauend ist. Stellen Sie sich zusätzlich vor, Sie sitzen im Kino oder vor dem Fernseher. Damit dissoziieren Sie sich von dieser unangenehmen Situation, und Sie können ruhig und entspannt bleiben.

## Befreien Sie sich von negativer Energie

Denken Sie stets daran, daß in Ihrem Gesicht keine Anzeichen von Anspannung erkennbar sein sollten. Wenn Sie ruhig und entspannt wirken und Ihr Blick offen und direkt ist, können Sie förmlich spüren, wie Vorwürfe und dergleichen an diesem Schutzschild abprallen. Denken Sie zusätzlich an ein besonders schönes Erlebnis, das Sie hatten. Das wird die Situation weiter entspannen. Ganz einfach, weil es unmöglich ist, gleichzeitig zwei entgegengesetzte Gefühle zu empfinden. Sie können nicht gleichzeitig fröhlich und „von Angst gepackt" sein. Dank dieses einfachen und sehr wirksamen Phänomens können Sie sich vor negativen Empfindungen schützen.

Sobald Sie für sich selbst ein positives Gefühl entwikkeln, wird es Ihnen sehr viel leichter fallen, den negativen Gefühlen, die Ihnen von anderen entgegengebracht werden, standzuhalten. Sie werden ein starker und in sich gefestigter Mensch, der in jeder Situation Herr der Lage ist. Befreien Sie sich vor allem von Ihrer eigenen negativen Energie, die nicht zuletzt Ihre Körpersprache negativ beeinflußt.

Wie bei jeder positiven Veränderung Ihrer Reaktionen nützt es wenig, wenn Sie sich diese Dinge nur gedanklich vor Augen führen. Sie müssen mit diesem Satz jeden Morgen Ihren Tag beginnen und ihn sich immer wieder vorsagen. Er muß als eine automatische Reaktion präsent sein, sobald eine Situation außer Kontrolle gerät. Nur dann wird diese Formel quasi von selbst aktiv und in vielen Situationen Ihres Lebens wirksam. Wenn es Ihnen gelingt, Herr der Lage zu bleiben und Ihrem Herausforderer in die Augen zu sehen, wird dieser bald verwirrt feststellen, daß sein Unmut oder sein Zorn Sie unbeeindruckt läßt.

## Die Körpersprache der in sich ruhenden Persönlichkeit

Denken Sie daran, den Menschen immer offen und gerade ins Gesicht zu sehen, ohne Furcht und natürlich auch ohne Aggressivität. Wenden Sie den Kopf nicht nach allen Seiten, und bemühen Sie sich, als ein in sich ruhender Mensch zu wirken – der Sie dann jeden Tag ein wenig mehr werden.

Ja, sich gut und stark zu fühlen und sich seiner selbst sicher zu sein ist die wichtigste Voraussetzung, um andere überzeugen und ein Leben in Erfüllung und Wohlstand führen zu können.

Es bedarf keiner außergewöhnlichen Fähigkeiten oder Anlagen und keiner Tricks, um jeden Tag ein wenig erfolgreicher zu werden. Sie müssen nur ständig an sich arbeiten, um zu einer angenehmen Persönlichkeit zu werden. Ein heiteres, ausgeglichenes Gemüt und eine in sich ruhende, starke Persönlichkeit, wird Ihnen dabei helfen, dem Erfolg und dem Wohlstand den Weg in Ihr Leben zu ebnen.

Probieren Sie diese Gesten ruhig vor dem Spiegel aus, und horchen Sie nach innen. Sie bekommen dann ein Gefühl dafür, wie Ihr Unterbewußtsein diese Gesten interpretiert. Zu große Gesten wirken auf die meisten Menschen eher negativ. Meist fehlt ihnen auch die Dynamik, die sie im Grunde vermitteln sollen.

## Geben Sie Ihrer Stimme Körper

Der Grad Ihres Selbstbewußtseins drückt sich natürlich auch in Ihrer Stimme aus. Eine gut verständliche, klare Stimme signalisiert ein gesundes Selbstbewußtsein. Sollten Sie damit Schwierigkeiten haben, so kann es sich für Sie durchaus rentieren, einige Stunden Sprechunterricht zu nehmen. Sprechunterricht in diesem Stadium vermittelt Ihnen vor allem die richtige Atemtechnik und das Gefühl, wie Sie Ihre Stimme vom Zwerchfell her stützen können.

Beherzigen Sie deshalb meinen Rat: Schreiben Sie ein neues Programm für Ihre Körpersprache! Denn nicht nur unser Denken, vor allem auch unser Fühlen braucht ein neues Programm, wenn sich unsere Lebensumstände spürbar verbessern sollen! Denken Sie sich mit Phantasie, Kreativität, Disziplin und Begeisterung in Ihr neues Leben als Top-Verkäufer hinein!

Die Wirkung wird nicht ausbleiben, denn Sie wissen ja: Begeisterung ist ein hochaktiver Treibstoff für Ihren Weg in die Zukunft. Begeistern Sie sich für Ehrlichkeit und Reichtum, und Sie werden mit gesundem Selbstvertrauen ans Ziel Ihrer Lebensträume gelangen.

## Meine Leitsätze für den Top-Verkäufer

1. Verkaufen ist die hohe Kunst der Kommunikation mit einem Höchstmaß an Toleranz und Offenheit für andere Menschen, ihre Gewohnheiten und Ideen. Sobald Sie diese Toleranz als Ihren persönlichen Gewinn betrachten, werden Sie keine Mühe haben, auch den schwierigsten Menschen freundlich zu begegnen.
2. Suchen Sie jeden Tag Gelegenheiten, andere Menschen, auch völlig fremde Menschen, anzulächeln. Denn Lächeln ist eines der wirksamsten Mittel, um einen Menschen schon bei der Begrüßung für sich einzunehmen und jede Aggressivität oder Überheblichkeit aus dem Blick zu nehmen.
3. Lächeln ist der direkteste Weg zum Herzen der Mitmenschen. Lächeln hat eine außergewöhnliche magnetische Kraft. Gewöhnen Sie sich an zu lächeln, wenn sich Ihr Blick mit dem eines anderen kreuzt. Das hebt nicht nur Ihren Gefühlspegel. Es stärkt auch Ihr Selbstbewußtsein.
4. Verkaufen bedeutet, daß zwischen Ihnen und Ihren Kunden die Energie der emotionalen und gedanklichen Übereinstimmung fließt. Diesen Energiefluß werden Sie spüren: in Telefonaten, in persönlichen Begegnungen. Ja, auch in Briefen und E-Mails, sobald Sie vom Egoismus Abschied nehmen und den Nutzen Ihres Kunden in den Mittelpunkt stellen.

5. Die Qualität Ihrer Kommunikation entspricht hundertprozentig der Qualität Ihrer Geschäfte. Der Kunde, dem Sie Ihre ehrliche und aufrichtige Sympathie entgegenbringen, wird jede Gelegenheit wahrnehmen, um Ihren Nutzen zu vermehren. „Gib, dann wird dir gegeben!“ ist der Schlüssel zu diesem sympathischen Erfolgsrezept.
6. Bringen Sie Ihren Kunden immer ein kleines Geschenk mit, und denken Sie daran, daß Informationen für Sie die preiswertesten und für Ihre Kunden die nützlichsten Geschenke sind.
7. Fragen bilden die verläßlichsten Brücken zu den Interessen der Kunden. Top-Verkäufer haben deshalb immer die doppelte Menge an Fragen wie zum Beispiel Marketingleute. Die Kunst des richtigen Fragens setzt natürlich eine Unmenge an Information, an Wissen und Bildung voraus.
8. Der Abschluß mit der Unterschrift des Kunden unter dem Kaufvertrag ist der krönende Höhepunkt jeder verkäuferischen Anstrengung. Vergessen Sie deshalb nie den wichtigen Satz: „Bekomme ich den Auftrag?“ Voraussetzung für den Abschluß eines Geschäfts sind immer Ihr Siegeswille und Ihr Selbstvertrauen.
9. Informationen ohne Emotionen, Fakten ohne Gefühle sind in den Wind gesprochen und landen in der Leere. Bringen Sie Informationen und Fakten immer durch die Sprache Ihres Körpers zum Ausdruck.
10. Die Sprache Ihres Körpers ist nie ausdruckslos. Überlegen Sie deshalb genau, welche Botschaften Sie in dieser Sprache an Ihren Kunden weitergeben wollen. Positive Botschaften der Körpersprache setzen positives Denken, positives Fühlen und positives Handeln voraus.

# Meine besten Tips für Top-Verkäufer

Wie viele Bücher zum Thema Erfolg haben Sie schon gelesen? Waren es zwei, drei, oder waren es zehn? Was hat sich durch das Lesen dieser Bücher langfristig für Sie verändert? – Ich kenne die Antwort, die auf 99 von 100 Lesern zutrifft. Sie lautet: „Ganz interessant, aber irgendwie hat mich dann doch der Alltag wieder eingeholt!" Ich hoffe und wünsche Ihnen von Herzen, daß Sie zu dem einen Prozent der Leser gehören, die meine Anregungen aus diesem Buch umsetzen. Denn ...

... mit den meisten guten Vorsätzen ist es wie mit dem Sandburgbauen im Urlaub. Der Wind und die Wellen ebnen auch die schönsten Burgen in kürzester Zeit wieder ein. Wenn Sie also wirklich beabsichtigen, Ihr Leben positiv zu verändern, sollten Sie alles fixieren, was diesem Ziel dient.

Führen Sie ein Erfolgsjournal, in dem Sie in Stichpunkten Ideen, Gedankensplitter, Traumziele und scheinbar verrückte Einfälle festhalten. Dieses schriftliche Festhalten gibt Ihren Zielen einen festen Halt.

## Die Frage, die alles entscheidet

Was haben Sie mit Ihrem Leben vor? Wollen Sie nach den Sternen greifen? Dann entscheiden Sie sich jetzt dafür, daß Sie zu den Menschen gehören, die in ihrem Leben das Außergewöhnliche verwirklichen. Oder wollen Sie bis ans Ende des Horizonts im Staub der Straße entlangwandern? Entscheiden Sie sich für Erfolg! Und bedenken Sie: Was immer Sie entscheiden, wird letzten Endes das Ergebnis bestimmen.

Ich kenne viele Verkäufer, die mit ihrem Einkommen, mit ihrem beruflichen Vorwärtskommen, mit ihrem Privatleben, mit ihrer körperlichen Fitneß, ja, mit ihrem ganzen Leben unzufrieden sind. Wenn der Negativdruck dieser Unzufriedenheit allzu groß wird, verfallen sie in ziellose Hektik, rufen Dutzende von Kunden an, studieren sämtliche Fachzeitschriften, laden ihre Frau oder Freundin nach langer Zeit wieder einmal in ein sündhaft teures Lokal zum Essen ein, joggen am nächsten Tag zehn Kilometer oder gehen dreimal die Woche ins Fitneßstudio. Nach spätestens vier Wochen stellen sie fest, daß das alles nicht die Verbesserungen gebracht hat, die sie sich davon erhofften – und lassen es wieder sein. Bis zum nächsten Anfall von „Ab heute muß alles anders werden!"

Wenn Sie sich große, ehrgeizige Ziele setzen, denken Sie bitte nicht gleichzeitig: „Das schaffe ich doch nie! Deshalb lasse ich es lieber gleich bleiben!" Ja, Sie wissen genau, was Sie tun müssen, um erfolgreich zu werden und Ihre Ziele zu verwirklichen. Tun Sie den ersten Schritt, den zweiten und den dritten. Gehen Sie immer weiter, denn Sie wissen so gut wie ich, daß das die richtige Strategie ist, um große Erfolge zu erzielen und sich stetig Ihrem Ziel zu nähern. Schreiben Sie in Ihr Erfolgsjournal nur diesen einen Satz:

**Ich will ein Top-Verkäufer werden!**

## Erfolg erzielt man durch gezieltes Handeln

Erfolgreiche Verkäufer sind deshalb erfolgreich, weil sie die Schwelle vom ungefähren Wissen zum zielgenauen Handeln überschreiten. Erfolgreiche Verkäufer entscheiden und handeln. Und zwar täglich und mit einer Intensität, die sich von Jahr zu Jahr steigert. Ich weiß nicht, an welchem Punkt Ihrer Karriere Sie heute stehen. Ich weiß nur eines: Sie können jetzt in dieser Minute den unumkehrbaren Entschluß fassen: „Ich will ein Top-Verkäufer werden!"

Das Geheimnis aller erfolgreichen Menschen und ihrer im Rückblick oft unglaublichen Erfolge ist das unablässige und unbeirrbare Bestreben, alles, was sie tun, von Tag zu Tag in kleinen Schritten besser zu machen. Jedes Kundengespräch ein wenig besser vorbereiten und dann selbstbewußter führen, das bringt Sie Ihrem Erfolg näher. Ohne daß ich mir über dieses Geheimnis schon in jungen Jahren im klaren war, habe ich seit meiner Lehrzeit nach diesem Grundsatz gehandelt. Ich wollte immer besser werden und täglich dazulernen. Mein Ziel war und ist bis heute, meine Kunden Tag für Tag noch besser zu bedienen und ihren Nutzen zu vergrößern. Das vermehrte automatisch auch meinen Nutzen.

So blicke ich heute auf 41 Jahre erfolgreiches Verkaufen zurück. Meine Tätigkeit als Verkäufer führte mich von einer bescheidenen Elektrogroßhandlung – mit einigen wenigen Rückschlägen und vielen kleinen und großen Erfolgen – mehrfach rund um den Globus auf einen „globalen Marktplatz", der von San José, Las Vegas und Los Angeles bis Tokio, Singapur, Hongkong und Taipeh reicht. Dieses Traumziel pflegte ich bereits, als ich nicht einmal mehr ein eigenes Auto besaß! Deshalb mein dringender Rat:

**Glauben Sie an Ihre Träume!**

## Das Geheimnis großer Erfolge

Als Verkäufer sind Sie sicherlich hervorragend im Zinsrechnen. Dann wissen Sie auch, daß Zins und Zinseszins ab einem bestimmten Punkt in einer steilen Kurve nach oben gehen. Ja, das ist auch das Geheimnis Ihrer großen Erfolge. Ab einem bestimmten Punkt führt das „Jeden Tag ein bißchen besser werden" ganz von selbst zu immer größeren, ungeahnten Möglichkeiten.

Sie als erfolgsbewußter Verkäufer wissen, daß Umsatz nur durch Einsatz zustande kommt und daß Ideen nur so viel wert sind, wie man sie in meßbare Ergebnisse umsetzt. Sobald Sie die Schwelle vom Wissen zum Handeln überschreiten, bewegen Sie sich automatisch auf Erfolge zu, die für die meisten Menschen unerreichbar sind.

Ein wichtiger Punkt in diesem Entwicklungsprozeß sind Fragen. Stellen Sie die richtigen Fragen an sich selbst. Stellen Sie keine rückwärts gewandten Fragen. Fragen Sie nicht, was Sie vom Erfolg bisher immer wieder abgehalten hat. Fragen Sie bei allem, was Sie tun, wie Sie durch erfolgreiches Verkaufen reich werden können.

Fragen Sie sich jeden Abend: „Was habe ich heute besser gemacht als gestern? Was kann ich morgen besser machen als heute? Wie kann ich den Nutzen für das Unternehmen, für das ich arbeite, verbessern?" Aber fragen Sie niemals: „Wie kann ich bei diesem Geschäft das meiste für mich herausholen?" Dann bewegen Sie sich auf das universelle Gesetz zu, das lautet: „Du wirst das, was du gibst, doppelt und dreifach zurückbekommen!"

Fragen Sie sich also vor jedem Kundenbesuch: „Wie kann ich den Service für diesen Kunden so gut und nutzbringend wie möglich gestalten?" Die Antwort darauf werden Sie durch Ihre Erfolge erhalten.

**Das Geben kommt vor dem Nehmen.**

## Du schaffst, was du willst!

So lautet der Titel eines meiner Motivationsbücher. An den Wahrheitsgehalt dieses Satzes glaube ich felsenfest. Nehmen Sie diesen Satz als Grundlage Ihres zukünftigen Lebens! Mit diesem Satz habe ich mich vor allem in den schwierigen Zeiten motiviert, als ich von meinen Erfolgen noch sehr weit entfernt war. Mit dem Satz „Erich, du schaffst es!“ hat mich auch meine Frau immer wieder motiviert und angespornt, wenn schwierige Geschäftsverhandlungen bevorstanden, von denen nicht selten das Weiterbestehen unseres Unternehmens abhing.

Suchen Sie sich Menschen, die Sie motivieren, die Ihnen durch ihren Mut Kraft spenden und den Rücken stärken. Das ist besonders wichtig, solange Sie von Ihren großen Zielen noch weit entfernt sind. Denn auch der erfolgsbewußteste Mensch muß Phasen durchstehen, in denen er daran zweifelt, ob er seine Ziele jemals erreichen wird. Hüten Sie sich auf Ihrem Weg zu Ihren Zielen vor Menschen, die Ihnen bei Rückschlägen so vernichtende Trostworte spenden wie: „Ich habe dir ja gleich gesagt, daß das nicht geht!“

Motivieren Sie sich selbst täglich, und wenn es sein muß stündlich, mit diesem einen Satz: „Ja, ich schaffe es!“ Bis Sie so fest an Ihren Erfolg glauben, daß eine andere Möglichkeit gar nicht zur Debatte steht.

Entwerfen Sie ein neues Bild von sich selbst. Entwerfen Sie von sich das Bild des erfolgsbewußten Verkäufers, für den Schwierigkeiten nur dazu da sind, daß er sie überwindet. Denn nichts bestimmt unser Leben so nachhaltig – im Positiven wie im Negativen – wie die Vorstellung, die wir von uns selbst haben.

**Glauben Sie an die Kraft der Motivation!**

## Entwerfen Sie Ihre Ziele

Sie wissen bereits: Der schwerwiegendste Grund für mangelnden Erfolg ist der Mangel an Zielen. 95 Prozent aller Menschen haben keine Ziele. Das erklärt, warum nur fünf Prozent aller Menschen wirklich erfolgreich sind.

Als Top-Verkäufer haben Sie immer Ziele, große, langfristige Ziele und kleinere Ziele, die Sie in fünf Jahren, in einem Jahr, innerhalb eines halben Jahres, eines Monats, einer Woche, eines Tages, ja, innerhalb der nächsten Stunde erreichen möchte. Diese kleineren Ziele sind alle auf das große Ziel Ihres Lebens ausgerichtet: „Ich will in meiner Branche einer der ganz Großen werden!"

Stellen Sie an Ihr Lebensziel die richtigen Fragen, und geben Sie sich ganz ehrliche Antworten. „In welcher Branche möchte ich am liebsten tätig sein? Welche Position möchte ich erreichen? Wie will ich meinen ganz persönlichen Lebensstandard gestalten?" Bei diesen Fragen haben Sie noch viele Mitbewerber. Sobald Sie jedoch die notwendigen Gegenfragen stellen, werden Sie sehr schnell erfahren, warum Traumjobs nicht so begehrt sind, wie man meinen möchte.

„Wieviel persönlichen Einsatz will ich bringen? Welche persönlichen Opfer an Freizeit, Urlaub, Privatleben ist mir dieses Traumziel wert? Bin ich bereit, wie ein Spitzensportler meine Leistungsgrenzen permanent nach oben zu schrauben?"

Ganz wichtig im Zusammenhang mit Ihrem Lebensziel ist auch die Frage: „Was kann ich den Menschen, mit denen ich zusammenlebe, zumuten?" Wenn Sie diese Frage nicht ganz ehrlich beantworten, scheitern Sie entweder mit Ihrem Ziel oder mit Ihren persönlichen Beziehungen. Und das wollen Sie doch nicht, oder?

**Echte Ziele verlangen ehrliche Antworten!**

# Wachsen Sie mit Ihren Zielen

Als guter Verkäufer, der sich zum Ziel gesetzt hat, an die Spitze zu gelangen und ein Top-Verkäufer zu werden, wissen Sie, daß Sie in erster Linie an Ihrer Persönlichkeit arbeiten müssen. Sie müssen eben ein bißchen mehr wissen, härter arbeiten, ausdauernder kämpfen als Ihre Kollegen mit dem guten Durchschnitt.

Dann werden Sie dieses bißchen Mehr an ausgeprägter Persönlichkeit haben, das Sie deutlich vom guten Durchschnitt abhebt. Denn Verkaufen ist eine Frage der Persönlichkeit, nicht eine Frage von mehr oder weniger durchschaubaren Methoden oder gar von Tricks, die auf Dauer niemanden überzeugen, am allerwenigsten Sie selbst!

Mein wichtigster Rat im Zusammenhang mit der Entwicklung Ihrer Persönlichkeit ist: Versuchen Sie, täglich besser zu werden, aber versuchen Sie nie, ein anderer zu werden! Das heißt, Sie sollten die guten Seiten verstärken und die weniger guten Schritt für Schritt zurücknehmen.

Pflegen Sie Ihren eigenen Stil. Diese Aufforderung wird von manchen Menschen mißverstanden. Sie halten es für ihren persönlichen Stil, am Morgen schlecht gelaunt zu sein. Der persönliche Stil eines Top-Verkäufers wird von dem Grundsatz geprägt: Verkäufer sind positiv denkende Menschen. Sie sind Optimisten, und sie versuchen, aus allem das Beste zu machen!

Es gibt einige wenige Fragen, die Sie an sich selbst stellen können, wenn Sie zu Ihrem ganz persönlichen Stil finden wollen. Sie lauten: Worauf bin ich stolz? Was kann ich ganz besonders gut? Welches sind meine besten Eigenschaften? Welche Fähigkeiten will ich mir unbedingt noch aneignen oder ausbauen?

**Ein Mensch, der an sich arbeitet, ist nie am Ende.**

# Ihr Weg an die Spitze

Sind Sie wirklich entschlossen, Ihren Weg an die Spitze zu gehen? Wenn ja, kann ich Sie nur beglückwünschen! Das ist der einzig richtige Wunsch. Denn dort sind bekanntlich die meisten Plätze frei! Als Top-Verkäufer wollen Sie, genauso wie ein Spitzensportler, die Goldmedaille in Ihrer Disziplin erringen. Sie wollen in der Weltrangliste auf Platz eins stehen. Sie wollen auf dem Weg dorthin jeden Pokal gewinnen, der Sie auf die nächste Stufe hebt. Dafür bringen Sie den vollen Einsatz!

Kreisen Ihre Gedanken Tag und Nacht um dieses Ziel? Wunderbar! Ein Top-Verkäufer ist dann am glücklichsten, wenn er spürt, daß er tatsächlich besser und erfolgreicher wird und sich seinem Ziel nähert.

Für Ihr Ziel müssen Sie sich jeden Tag selbst eine Reihe wichtiger Impulse geben. Stellen Sie sich Ihr ganz persönliches Fitneßprogramm zusammen – für Körper, Geist und Seele. Sie wissen sicher selbst am besten, in welchen Punkten Sie an sich arbeiten müssen, wo Sie besser werden wollen und was Sie sich so intensiv einprägen wollen, daß es Ihr Verhalten im Alltag positiv beeinflußt und Sie schlußendlich dorthin führt, wo Sie hinwollen: an die Spitze!

Das bedeutet nicht, daß Ihr Leben bis in die Freizeit hinein verplant ist. Spontaneität ist wichtig, wenn Ihnen das Leben Freude bereiten soll. Ohne Spontaneität können Sie nicht erfolgreich sein. Dennoch ist es ein gewaltiger Unterschied, ob Sie spontan jeden Tag in eine andere Richtung laufen oder ob Sie sich täglich auf ein und dasselbe Ziel zubewegen. Von Ihren ganz persönlichen Zielen und von Ihrer Entschlossenheit, diese Ziele zu erreichen, leitet sich alles andere ab, was Sie auf dem Weg zum Top-Verkäufer noch benötigen.

**Seien Sie zielbewußt!**

## Der Traum von einem großen Ziel

Warum komme ich zu Beginn Ihres Trainingsprogramms immer wieder auf die Frage nach Ihrem Ziel zurück? – Weil ich weiß, wie wichtig es ist, daß Sie dieses Ziel in Ihrem Denken ganz tief verankern! Glauben Sie mir, die meisten Menschen träumen von großen Zielen – irgendwann in ihrem Leben. Doch nach einiger Zeit vergessen sie ganz einfach darauf.

Stellen Sie sich deshalb Tag für Tag die Fragen: „Wie erhebe ich mich in meiner Leistung über den Durchschnitt? Wie verkaufe ich mich wirklich reich? Wie werde ich ein Top-Verkäufer?" – Die Antwort auf diese Fragen klingt ziemlich einfach. Sie ist dennoch unumstößlich richtig. Sie müssen sich ernsthaft und unwiderruflich das Ziel setzen, ein Top-Verkäufer zu werden!

Nehmen Sie sich eine halbe Stunde Zeit, und formulieren Sie exakt das Ziel, das Sie erreichen möchten. Schreiben Sie ohne Unterbrechung auf, was Ihnen zu Ihrem Lebensziel einfällt. Legen Sie exakt fest, in welcher Branche Sie am liebsten arbeiten möchten. Beschreiben Sie genau, was für einen Lebensstandard Sie mit Ihrem Ziel erreichen wollen.

Entwerfen Sie einen großen Traum, und lassen Sie sich ja nicht von Ihrer gegenwärtigen Lebenssituation einschränken. Sagen Sie auch nicht: „Ich weiß schon ungefähr, wo ich hinwill!" Schreiben Sie Ihr Ziel genau auf. Diese schriftliche Fixierung ist enorm wichtig. Ja, bitte, führen Sie Ihr persönliches Erfolgsjournal – täglich!

**Sie können nur die Träume verwirklichen, die Sie greifbar vor Augen haben – Tag für Tag!**

## Das Zehn-Punkte-Programm für Ihren Erfolg

Leiten Sie aus Ihren Aufzeichnungen ein Fünf- bis Zehn-Punkte-Programm ab, mit dem Sie Ihr Ziel erreichen werden: Branche, Stellung im Unternehmen, Höhe Ihres Einkommens. Und was ganz wichtig ist: Legen Sie einen Zeitpunkt fest, bis zu dem Sie Ihr großes Ziel erreicht haben wollen.

Diese Festlegung auf einen ganz bestimmten Zeitpunkt ist äußerst wichtig. Davon geht eine beinahe suggestive Wirkung aus. Die Festlegung auf den Zeitpunkt macht Ihr Ziel konkret und hebt es von der Beliebigkeit bloßer Wunschträume ab. Trennen Sie sich von Wischi-Waschi-Vorhaben wie: „Ich wollte eigentlich schon lange mehr verdienen, aber ich finde einfach nicht den passenden Job!“ Schreiben Sie: „Ich werde ab heute in einem Jahr die und die Stelle haben und ein Einkommen von mindestens ... DM/Euro erarbeiten!“

Ja, buchen Sie Ihr Vorhaben auf ein genaues Datum. Ihren Urlaub planen Sie schließlich auch nicht freibleibend, weil Sie genau wissen, daß sonst die besten Plätze vergeben sind. Ein konkretes Datum und eine ganz konkrete Einkommenshöhe sind psychologisch unverzichtbar, weil von festen Daten eine suggestive Kraft ausgeht.

Schreiben Sie zu jedem Punkt nur einen Satz, und formulieren Sie diese Sätze positiv. Schreiben Sie also: „Ich werde eine Spitzenstellung beim XY-Konzern einnehmen!“ Schreiben Sie kurze Sätze, die sich leicht einprägen. Schließlich wollen Sie diese Sätze in Ihr geistiges Reisegepäck übernehmen! Nehmen Sie einen Satz als Beispiel, der über Jahrhunderte hinweg den Menschen zum Ziel gedient hat: Liebe deinen Nächsten wie dich selbst!

**Die wichtigsten Botschaften der Menschheit bestehen aus einfachen und kurzen Sätzen!**

## Ihr Erfolg wird zuerst in Gedanken Wirklichkeit

Haben Sie Ihr Ziel tatsächlich festgelegt? Haben Sie den Zeitpunkt bestimmt, bis zu dem Sie Ihre Position als Top-Verkäufer erreicht haben werden? – Prima! Das habe ich von Ihnen auch nicht anders erwartet!

Nun müssen Sie Ihr Ziel und den Zeitpunkt, an dem Sie es erreicht haben wollen, so in Ihrem Denken verankern, daß es zu jeder Tages- und Nachtzeit vor Ihrem geistigen Auge erscheint. Glauben Sie mir und meiner Erfahrung, mit der ich meine Ziele erreicht habe – wenn Sie Ihr Ziel nicht bis zur Besessenheit in sich verankern, werden Sie es nicht erreichen!

Diese Verankerung geschieht einzig und allein durch tägliche Wiederholung. Sie müssen Ihr Ziel täglich besuchen. Ja, liebkosen Sie es! Täglich! Denn Sie müssen es unwiderruflich vor Augen haben. Lernen Sie die einzelnen Punkte Ihres Erfolgsprogramms auswendig. Beginnen Sie jeden Tag mit der Einstimmung auf Ihr Lebensziel. Ich wiederhole: jeden Tag!

Vergessen Sie nie wieder diesen hoffnungsvollen Aufbruch. Halten Sie die großen Vorsätze, die Sie gefaßt haben, nicht nur in Ihren Gedanken wach. Beginnen Sie unverzüglich mit ihrer Umsetzung. Denken Sie an die banale Wahrheit: Es ist besser, jeden Tag einen Kilometer zu laufen, als sich zehn Kilometer nur vorzunehmen! Also, tun Sie es! Erfolglosigkeit ist der Friedhof vieler guter Vorsätze!

Malen Sie sich in Gedanken bereits die Freude aus, die Sie erleben werden, wenn Sie sich langsam oder auch in Riesenschritten Ihrem Ziel nähern. Laufen Sie los! Jetzt! Denn ...

**Entschlüsse, die man nicht sofort umsetzt, verlieren zunehmend an Schwungkraft.**

## Die Kraft der Wiederholung

Wissen Sie, wie viele Tausende von Übungsstunden hinter dem Konzert eines Klaviervirtuosen stehen? Wie viele Abertausende Aufschläge ein Tennisprofi geschlagen hat, bis er zum ersten Mal auf dem Centre Court in Wimbledon steht. Die Kraft und die Ausdauer, die Sie in die Wiederholung Ihres Entschlusses legen, ist absolut ausschlaggebend für Ihren Erfolg.

Wiederholen Sie die zwei oder drei wichtigsten Punkte Ihres persönlichen Erfolgsprogramms, wann immer Sie dazu Gelegenheit finden. Denken Sie bei jeder Aufgabe, die sich Ihnen stellt, an Ihr Ziel: „Ich will ein Top-Verkäufer werden. Ich werde mich reich verkaufen!"

Verbinden Sie diese Sätze mit ganz konkreten Bildern. Sehen Sie sich in der obersten Etage eines Unternehmens sitzen, wie Sie einen Auftrag von über einer Million DM entgegennehmen. Setzen Sie sich in Gedanken in das Traumauto, das Sie besitzen werden. Gehen Sie in Gedanken in dem Garten spazieren, der Ihr Traumhaus umgibt.

Sie halten diesen Rat für übertrieben oder gar für leicht verrückt? Ich kann dem nur entgegnen: Bei mir hat es genauso funktioniert! Nicht wie im Märchen von einem Tag auf den anderen, aber im Lauf der Jahre, weil ich meine Traumziele immer konkret vor Augen hatte und konsequent auf sie zugegangen bin. Also los! Worauf warten Sie noch?

**Sie erreichen nur die Ziele, die Sie mit wahrer Besessenheit anstreben!**

# Start frei für Ihren Erfolg

Fassen Sie den unumstößlichen und feierlichen Entschluß, Ihr Lebensziel, ein Top-Verkäufer zu werden, auch tatsächlich zu verwirklichen. Wählen Sie einen Menschen aus, dem Sie ganz besonders vertrauen, und teilen Sie ihm diesen Entschluß mit. Machen Sie Ihren Entschluß unumkehrbar.

Denken Sie an einen Flugzeugstart in Ihr zukünftiges Leben. Nehmen Sie als erstes die Bremsklötze raus, die Sie bisher immer stillschweigend akzeptiert haben; diese scheinbar zementierten Hinderungsgründe, die Familie, die Freunde, die mangelnde Schulbildung – raus! Sie sind der Pilot, der die Motoren aufheulen läßt. Die Maschine gewinnt an Fahrt und rast die Startbahn entlang. Die Nase geht steil nach oben. Nun können Sie den Start nicht mehr abbrechen! Sie müssen durchstarten, wenn Sie nicht abstürzen wollen! Das ist keinesfalls übertrieben, denn wenn Sie mit Ihren wunderbaren Vorhaben nicht durchstarten, werden Sie damit auf das Mittelmaß zurückfallen.

Schauen Sie nicht länger auf den Boden. Schauen Sie auf den fernen Punkt, den Sie erreichen wollen und erreichen werden. Hallo, Fahrgestell einziehen, Sie sind in der Luft!

Ja, das ist das großartige Gefühl, das Sie mit Ihrem Entschluß verbinden: Ich schaffe es! Ich werde in meiner Branche ein ganz Großer, und ich werde ein wunderbares, spannendes Leben führen! Meine Kunden werden Freude daran haben, mir einen Auftrag zu erteilen

**Jede große Karriere beginnt mit einem großen Traum und einem unumkehrbaren Entschluß!**

## Bremsklotz Aufschiebe-Praxis

Selbst wenn Sie noch sehr jung sind, haben sich viele Ihrer Verhaltensweisen im Laufe der Jahre entwickelt und eingeschliffen, bis sie zu einem Teil Ihrer Persönlichkeit wurden. Dazu gehören wahrscheinlich auch Verhaltensweisen, mit denen Sie bei ehrlicher Betrachtung gar nicht zufrieden sind. Das sind die Verhaltensweisen, die Sie immer wieder bremsen und von denen Sie im Grunde wissen, daß sie bisher Ihren Aufstieg immer wieder blockiert haben.

Eine weitverbreitete Angewohnheit ist zum Beispiel, unangenehme Arbeiten, Telefonate, Kundenbesuche aufzuschieben, bis ihre Erledigung so dringend geworden ist, daß man nicht mehr länger ausweichen kann. Oder sie haben sich von selbst erledigt, weil der Kunde einem anderen Verkäufer diesen Auftrag erteilt hat. Leiden Sie auch unter dieser „Aufschiebe-Praxis", die mit tödlicher Sicherheit jeden Erfolg verhindert?

Diese Angewohnheit werden Sie sich nun genauso beharrlich Tag für Tag abgewöhnen, wie Sie sie angenommen haben. Das bedeutet für die Startphase in Ihr neues Leben als Top-Verkäufer, daß Sie den Entschluß täglich erneuern, und sei es mit dem einfachen Satz: „Ich werde ein Top-Verkäufer!" Ballen Sie dazu ruhig die berühmte Becker-Faust und sprechen Sie – falls Sie nicht allein sind, in Gedanken – ein ganz lautes: „Ja, ich schaffe es!"

**Unser Leben ist die Summe der Entschlüsse, die wir täglich fassen!**

# Jeder Erfolg kommt vom richtigen Verkaufen

Sie müssen nicht alles neu erfinden, wenn Sie sich zu einem erfolgreichen Leben entschlossen haben. Suchen Sie sich eines oder mehrere Vorbilder für Ihren Weg zum Top-Verkäufer. Finden Sie heraus, wer der erfolgreichste Verkäufer in Ihrer Branche ist. Lesen Sie die Biographien erfolgreicher Menschen ganz allgemein. Bringen Sie alles über den Werdegang und über die Lebensweise Ihrer Vorbilder in Erfahrung, was Sie nur irgendwie ausfindig machen können.

Sie werden bei Ihrer Lektüre feststellen: Erfolgreiche Menschen, egal ob Wissenschaftler, Politiker, Erfinder, Schriftsteller oder Künstler, waren immer auch Top-Verkäufer. Sie haben anderen Menschen Ideen verkauft, Visionen vermittelt und ihnen häufig ganz unglaubliche, ja scheinbar verrückte Vorstellungen als machbare Wirklichkeit vorgezeichnet! Denken Sie dabei nur an den Apostel Paulus, der aus einer mehr oder weniger unbekannten jüdischen Sekte durch unermüdliches Reisen, Predigen und Briefeschreiben eine Weltreligion gemacht hat.

Sie sollen nun nicht die Ideen großer und erfolgreicher Menschen kopieren, sondern ihre Verhaltensweisen, ihre Entschlußkraft und ihre unnachgiebige Ausdauer.

**Alle erfolgreichen Menschen haben eines gemeinsam: Sie geben nie, nie, nie ihr Ziel auf, um ein bequemes Leben zu führen!**

## Der beste Treibstoff für Ihren Geist ist Begeisterung

Begeistern Sie sich schon heute für dieses erfolgreiche Ich, das Sie auf dem Weg zum Top-Verkäufer entwickeln werden. Sie werden in einem beachtlichen Wohlstand leben. Sie werden vor allem viele andere erfolgreiche Menschen kennenlernen und vielleicht sogar zu Ihren Freunden zählen. Auch wenn noch niemand anders von Ihnen und von Ihrem Lebensziel begeistert ist – es gibt eine Person, die können Sie jederzeit begeistern. Das sind Sie selbst!

Sobald Sie von Ihrem Ziel begeistert sind, werden Sie auch andere dafür begeistern können. Sie brauchen darüber nicht einmal zu sprechen. Die Begeisterung, die aus Ihnen leuchtet, wird sich unwillkürlich auf Ihre Kunden übertragen. Versetzen Sie sich vor jedem Kundengespräch in dieses unsagbare Gefühl der Begeisterung, den schönsten und erfolgversprechendsten Beruf der Welt auszuüben.

**Einem Menschen, der von seinem ehrlichen Ziel begeistert ist, kann sich auf Dauer niemand entziehen!**

## Konditionieren Sie sich für Ihren Erfolg

Denken Sie an die Schwierigkeiten, Einschränkungen und unbefriedigenden Lebenserfahrungen, die Ihnen aus Niederlagen erwachsen sind. Machen Sie sich die negativen Gefühle bewußt, die damit verbunden waren – und lassen Sie ganz bewußt alles, was Sie in Ihrer bisherigen Karriere belastet hat, hinter sich. Machen Sie sich frei von irgendwelchen Versagensängsten. Es sind nämlich nicht die erlittenen Niederlagen, die Ihnen das Leben schwermachen, sondern die negativen Gefühle, die Ängste, das Kribbeln im Bauch, der flache und kurze Atem, die schweißnassen Hände, die Sie damit verbinden. Das ist fast wie bei den Pawlowschen Hunden, die so konditioniert waren, daß ihnen auf ein Glockenzeichen hin der Speichel zusammenlief.

Sie können und Sie werden diese Konditionierung ändern, denn diese negativen Gefühle haben Sie bewußt oder noch stärker unbewußt auch in Ihre Kundengespräche, mitgeschleppt und damit Erfolge verhindert. Befreien Sie sich sukzessive von allen negativen Gefühlen gegenüber den Menschen, mit denen Sie täglich zu tun haben! Es sind nicht die Kunden, die bisher Ihren Erfolg verhindert haben. Es sind die Ängste, nicht erfolgreich zu sein, die Sie blockiert haben. Das können und müssen Sie verändern. Begeistern Sie sich für Ihre Kundengespräche, wo immer sie zustande kommen.

**Aus Niederlagen können Sie nur lernen, wenn Sie die negativen Gefühle überwinden, die damit verbunden waren.**

## Ihre Möglichkeiten sind unbegrenzt

Während Sie in Ihrer Karriere als Top-Verkäufer noch am Anfang stehen, ist ein Satz von großer Bedeutung für Sie: „Mein Ich reicht weit über die Grenzen hinaus, die ich mir bisher selbst gesetzt habe oder die ich von anderen akzeptiert habe!“ Als Top-Verkäufer gilt ein Satz für Sie: „Meine Möglichkeiten sind unbegrenzt!“

Ja, auch wenn Sie das im Augenblick noch nicht so recht glauben können! Befreien Sie sich von allen Beschränkungen, die andere Ihnen bisher auferlegt haben. Nehmen Sie meinen Weg als Beispiel für diese unerhörte Behauptung – vom Großhandelslehrling mit Hauptschulabschluß zum Entrepreneur des Jahres, von der Firmengründung aus dem Nichts zum Gang an die Börse und zum globalen Brokerhaus und einem der größten Internetanbieter Europas.

Diesen Erfolg können Sie auf Ihrem Gebiet in gleicher Weise verwirklichen. Gewöhnen Sie sich an den Gedanken, daß jeder große Erfolg mit einem großen Traum beginnt. Gewöhnen Sie sich an Ihren großen Traum!

**Ein Top-Verkäufer träumt immer von den Zielen, die noch vor ihm liegen.**

# Mut – die Eigenschaft, mit der man alles schafft

Der Blick zurück auf meine eigene Erfolgskarriere als Verkäufer sagt mir: Die wichtigste Eigenschaft auf dem Weg an die Spitze ist der Mut. Davon leitet sich alles andere ab.

Da ist erstens der Mut zu großen Zielen. Denken Sie an Aristoteles Onassis, der mittellos auf einem schäbigen Auswandererschiff am Fürstentum Monaco vorbeifuhr und sich angesichts der glitzernden Pracht zum Ziel setzte: „Hier werde ich einmal ein Haus besitzen!" Total verrückt? Nein, 30 Jahre später mußte der Fürst befürchten, daß dieser Top-Verkäufer das halbe Fürstentum aufkaufen würde.

Es braucht Mut, große Ziele gegen Spott und Geringschätzung zu verteidigen, vor allem solange man noch weit von diesen Zielen entfernt ist. Als Verkäufer brauchen Sie den Mut und das Selbstvertrauen, auf andere Menschen offen und selbstbewußt zuzugehen, auch wenn diese vorerst noch viel reicher, viel mächtiger und vor allem viel einflußreicher sind als Sie. Sie werden eines Tages auf einer Stufe mit diesen erfolgreichen Menschen stehen!

**Der Mutige nimmt sich einen großen Vorschuß an Selbstvertrauen.**

## Der Mut zum Aufbruch in neue Dimensionen

Große Aufgaben verlangen Mut. Ich hatte den Mut, auf den weltgrößten Distributor von Mikrochips zuzugehen und ihm eine Partnerschaft bei unserer virtuellen Chip-Börse anzubieten. Dieser Mut hat mich auch nicht verlassen, als die Leitung dieses Milliarden-Dollar-Unternehmens meinen Vorschlag zunächst nicht ernst nahm. Wir haben über ein Jahr verhandelt, bis der Vertrag über eine weitreichende Zusammenarbeit endlich zustande kam.

Prüfen Sie deshalb immer wieder ehrlich und ernsthaft: Für welche Aufgaben reicht mein Mut heute, und wie weit muß ich ihn entwickeln, um meine Ziele verwirklichen zu können?

Entwickeln Sie vor allem Ihren Mut, zu entscheiden. Setzen Sie sich deutlich ab von der weitverbreiteten Vollkasko-Mentalität. Ohne Risiko kann man nun mal keine Erfolge erzielen. Zu einer großen Karriere gehört immer auch der Mut, Fehler zu begehen.

Fehler, mein Gott, ich darf doch keine Fehler machen! Legen Sie diese Mentalität ab, die uns schon zu Schulzeiten eingetrichtert wurde, indem wir für Fehler bestraft wurden. Zum Lernen gehören Fehler ganz natürlich dazu. Ja, machen Sie Fehler, weil Sie sonst nichts lernen können! Buchstabieren Sie Mut in der Weise, wie ich das seit langem tue: **M**ach **u**nd **t**u!

**Nur mit Mut können Sie die Risiken des Lebens in Chancen verwandeln.**

# Der Mut zum Aufstieg in der Hierarchie

Mut ist vor allem eine Frage der Übung. Wenn Sie schon einmal vom Zehnmeterbrett gesprungen sind, wissen Sie das. Sie können Ihren Mut schrittweise aufbauen. Erst springen Sie vom Dreimeterbrett, dann vom Fünfmeterbrett, und dann ist es nur noch ein kleiner Schritt bis ganz nach oben.

Mit dem Verkauf ist es ganz ähnlich. Planen Sie systematisch Ihren Aufstieg in der Kundenhierarchie – vom Sachbearbeiter im Einkauf zum Einkaufsleiter bis hinauf zum Chef des Unternehmens. Ja, es gehört Mut dazu, als junger Verkäufer dem Generalmanager eines Konzerns gegenüberzutreten und ihm Rede und Antwort zu stehen. Sie dürfen mir glauben, auch ich hatte bei meinem ersten Verkaufsgespräch mit dem Direktor eines großen Telekommunikationsunternehmens ziemlich weiche Knie. Aber dieses Gespräch hob mich auf lange Sicht gesehen mit meiner damals noch kleinen Firma auf eine neue Ebene.

Außerdem gab mir dieses Gespräch den Mut, auch mit anderen hochgestellten Persönlichkeiten zu verhandeln, ohne daß ich mich an der Stuhlkante festhalten mußte.

**Mut ist der wichtigste Wegweiser auf der langen Straße zum Erfolg.**

# Große Kunden machen reich

Befreien Sie sich Schritt für Schritt von Angst und Mutlosigkeit vor großen Herausforderungen. Warum das so wichtig ist, fragen Sie? – Die Antwort darauf ist sehr einfach: Angst ist die größte Erfolgsblockade, viel schlimmer als Unwissen! Wie viele Kollegen kennen Sie, die ihre Angst vor großen Kunden nicht überwinden können und deshalb auf die wirklich großen Aufträge verzichten müssen?

Wenn Sie sich reich verkaufen wollen, müssen Sie gerade diese großen Kunden aufsuchen. Denn Sie wissen so gut wie ich: Die größten Aufträge winken ganz oben! Selbstverständlich werden Sie Ihren Mut durch eine entsprechend gründliche Vorbereitung untermauern. Das Wesentliche aber ist, daß Sie mutig auf diese Aufgabe zugehen.

Stellen Sie sich in allen Einzelheiten vor, wie Sie vor der Konzernzentrale ankommen, sich beim Portier ankündigen, mit dem Lift hochfahren in die oberste Etage, von der Chefsekretärin empfangen werden und dann das „Allerheiligste" betreten. Und nun legen Sie los!

**Die Größe unseres Mutes bestimmt die Größe unseres Erfolgs.**

# Führen oder folgen – die Entscheidung fürs Leben

In vielen Fragen des Lebens gibt es eine Vielzahl von Wahlmöglichkeiten. Selbst in so wichtigen Dingen wie der Berufswahl und der Partnerwahl. In einer Frage aber gibt es nur ein „Entweder-Oder“. Das ist die Frage, ob Sie ein „Anführer“ oder ein „Mit-Arbeiter“ sein wollen. Es ist selbstverständlich keine Schande, ein guter Mitarbeiter zu sein. Man muß sich nur darüber im klaren sein, daß das der Entscheidungsfreiheit und den Möglichkeiten, reich zu werden, enge Grenzen setzt. Werden Sie ein Anführer!

Sie haben sich für das Ziel entschieden, ein Top-Verkäufer zu werden. Deshalb gibt es für Sie nur eine Entscheidung: Sie müssen ein Anführer werden! Das setzt eine Menge Mut voraus. Gefragt ist vor allem der Mut, die volle Verantwortung zu übernehmen, Verantwortung für das eigene Handeln, aber auch für das der Mitarbeiter.

**Wer gewinnen will, muß anführen.**
**Wer anführen will, braucht Mut.**

## Erfolgreich leben für eine Vision

Ist Erfolg Zufall? – Viele Menschen, die sich damit begnügen, Erfolge nur herbeizuwünschen, glauben an diese Art von Zufall. Dann ist es immerhin erstaunlich, daß Erfolg immer nur den Menschen „zufällt“, die ihn ganz konsequent suchen – mit Hilfe einer Vision!

Top-Verkäufer haben, wie alle erfolgreichen Menschen, Visionen, denn sie wissen, daß ein Leben ohne Visionen bestenfalls zum Mittelmaß führt. Wer aber Visionen hat, muß auch die vier Stationen des Visionärs kennen und für sich akzeptieren. Ein Visionär wird zunächst für verrückt erklärt, und zwar häufig auch von den Menschen, die ihm nahestehen. Dann wird er bekämpft oder auch totgeschwiegen. Wenn sich sein erster Erfolg abzeichnet, wird er bestaunt. Und hat er sich gegen alle Widerstände durchgesetzt und den großen Erfolg errungen, wird er bejubelt!

Bedenken Sie, der Jubel kommt erst am Ende. Da die beiden ersten Stationen meistens sehr lange dauern, braucht ein Top-Verkäufer eine gehörige Portion Mut und Ausdauer.

**Mut und Entschlossenheit führen zu einem Leben mit großen Inhalten.**

## Wer etwas zu sagen hat, braucht keine Folien

Als Top-Verkäufer brauchen Sie eine ganz besondere Art von Mut: Sie brauchen nicht nur den Mut, mit den Spitzen der Hierarchie zu verhandeln, sondern häufig auch den Mut, vor großen Ansammlungen von Menschen zu sprechen: bei Messeeinladungen, in der Verkäuferschulung, vor der ganzen Belegschaft Ihres Unternehmens oder eines großen Kunden. Für viele Menschen ist das die schlimmste Horrorvorstellung, die sie sich ausmalen können – vor einer großen Anzahl von Menschen zu sprechen. Viele verzichten dafür auf jede Art von Erfolg und Anerkennung. Von denen, die sich vor die Öffentlichkeit wagen, klammern sich die meisten krampfhaft an den Folienprojektor oder lesen ihren Zuhörern einen auf Punkt und Komma ausgearbeiteten Vortrag vor. Das eine wirkt sowenig überzeugend wie das andere. Deshalb gebe ich Ihnen den Rat: Nützen Sie jede Gelegenheit, in einem größeren Kreis von Menschen das Wort zu ergreifen – natürlich nur, wenn Sie sich vorher überlegt haben, was Sie sagen wollen. Meine Karriere hat mit dieser Art von Mut einen entscheidenden Aufschwung genommen. Bei einer Vortragsveranstaltung meiner Hausbank ergriff ich in der Diskussion als erster das Wort. Daraufhin wurde ich dem Direktor dieser Bank vorgestellt, der mir wiederum Wege zu einigen Großkunden ebnete. Während eines Fachkongresses in Paris wurde ich gebeten, vor einem großen Publikum ein Referat über den Chip-Markt in Deutschland zu halten – in Englisch. Würde Ihr Mut dafür ausreichen? Glauben Sie mir, mit jeder angenommenen Mutprobe wird die Angst geringer und wächst das Selbstvertrauen.

**Die freie Rede ist ein wichtiger Prüfstein für Ihr Wissen, Ihre geistige Flexibilität und Ihren Mut als Top-Verkäufer.**

## Erfolg entsteht aus dem Bewußtsein

Suchen Sie eine neue, strahlende Überschrift für Ihr Leben: „Ich will der erfolgreichste Verkäufer in meinem Unternehmen, ja, in meiner Branche werden!" Für diese positive Einstellung zum Erfolg will ich Sie begeistern. Mit dieser Botschaft will ich vor allem ganz junge Menschen erreichen, weil ich weiß, daß es in jeder Generation Menschen gibt, die ein brennendes Verlangen nach großen Zielen haben. Bauen Sie Ihr Erfolgsbewußtsein aus. Das ist in unserer Gesellschaft gar nicht so selbstverständlich. Denn der Erfolgreiche zieht automatisch Neid und Mißgunst auf sich.

Haben Sie Mut zum Erfolg! Programmieren Sie sich jeden Morgen auf Erfolg. Wachen Sie auf, und stimmen Sie sich auf das wunderbare Gefühl ein: Das wird ein erfolgreicher Tag! Schauen Sie morgens in den Spiegel, und wünschen Sie sich Erfolg. Sagen Sie sich vor jedem Telefonat und vor jedem Kundenbesuch mit absoluter Gewißheit: „Ich will Erfolg, und ich werde ihn haben!"

**Begeistern Sie sich für Ihr unerschöpfliches Erfolgspotential.**

## Reich an Erfolgen = erfolgreich = reich

Machen Sie den Erfolg zur Botschaft Ihres Lebens. Das ist keine Aufforderung zum grenzenlosen Egoismus. Ganz im Gegenteil! Der echte Erfolg des Top-Verkäufers liegt darin, daß vor allem sein Kunde einen Geschäftsabschluß mit ihm als einen Erfolg ansehen kann. Erfolg bedeutet für einen Top-Verkäufer nicht zuletzt erfolgreiche zwischenmenschliche Beziehungen.

Das Erfolgsbewußtsein des Top-Verkäufers sucht den Erfolg nicht nur in den großen Abschlüssen. Der Top-Verkäufer ist so von Erfolgsbewußtsein durchdrungen, daß er auch in Kleinigkeiten darauf achtet, erfolgreich zu sein. Der Top-Verkäufer kommt in jede Disko, auch wenn der Türsteher noch so streng dreinschaut. Der Top-Verkäufer bekommt noch Karten für ein Konzert, das seit zwei Wochen ausverkauft ist. Der Top-Verkäufer setzt seine ganze Phantasie und Kreativität, seinen ganzen Charme und seine Überzeugungskraft ein, um das zu bekommen, was er sich als Ziel vorgenommen hat. Der Top-Verkäufer kann und will nicht verlieren.

**Erfolg ist keine Frage des Glücks oder des Zufalls, sondern eines tief verwurzelten Erfolgsbewußtseins.**

## Jedes Nein hat einen Schwachpunkt

Ja, das ist einer meiner wichtigsten Tips für Sie, wenn Sie sich ernsthaft zum Ziel gesetzt haben, ein Top-Verkäufer zu werden. Entwickeln Sie ein unwiderstehliches Erfolgsbewußtsein. „Geht nicht, gibt's nicht!" wird einer der Kernsätze Ihres Denkens. Das bedeutet nicht, daß Sie so aufdringlich auf Ihrer Forderung bestehen, bis ihr der andere nachgibt, um endlich Ruhe zu bekommen.

Der Top-Verkäufer zerlegt jedes Nein eines Kunden in seine faktischen und emotionalen Bestandteile, bis er herausgefunden hat, wo der eigentliche Schwachpunkt in der Argumentation des Nein-Sagers liegt. Wenn das Nein nicht bis ins letzte sachlich begründet scheint, werden Sie als Top-Verkäufer auf der emotionalen Ebene einen Weg finden, um Ihr Gegenüber zu einem Ja umzustimmen.

Überlegen Sie, in wie vielen Situationen Sie bisher ein Nein widerspruchslos akzeptiert haben. Nehmen Sie ab sofort jede Gelegenheit wahr, Ihr Erfolgsbewußtsein zu schulen und zu schärfen, und genießen Sie die kleinen Erfolge, die Sie dabei erringen.

**Geben Sie nie, nie, nie auf!**

# Machen Sie Nein-Sager zu Mit-Spielern

Es gibt einen Satz, in dem sich Ihr ganzes Erfolgsbewußtsein konzentriert wie die Sonnenstrahlen in einem Brennglas. Er lautet: Ich schaffe es! Als Verkäufer sind Sie fast immer auf die Mitwirkung anderer Menschen angewiesen. Deshalb sollten Sie diesen Satz erweitern zu einem: „Wir schaffen das!" Ja, verändern Sie Ihr Denken vom Ich zum Wir!

Stellen Sie sich vor, wie Sie eine scheinbar ausweglose Situation in einem Verkaufsgespräch verändern können, wenn Sie Ihr Gegenüber mit dem Satz „Wir schaffen das!" gleichsam auf Ihre Seite holen. Damit können Sie so „unverrückbare" Standpunkte wie „Nein, das geht auf keinen Fall!" oft sehr schnell auflösen.

Plötzlich ziehen Sie und Ihr Gegenüber nicht mehr an den entgegengesetzten Enden eines Taus, sondern Sie ziehen am selben Strang, und zwar in Richtung eines für beide Seiten positiven Ergebnisses.

**Der wahre Erfolg eines Verkäufers entsteht nicht durch die Konfrontation, sondern durch das Miteinander.**

## Erfolg – ein starker Energieriegel

Sie wissen, wie Erfolg oder auch Mißerfolg auf Sie wirkt. Sie sind um fünf Uhr morgens aufgestanden, sind 600 Kilometer zu Ihrem Termin gefahren, haben vier Stunden zäh verhandelt – und einen Erfolg errungen. Wie fühlen Sie sich? – Müde, abgespannt und lustlos? – Ganz bestimmt nicht! Sie haben ein Gefühl, als könnten Sie Bäume ausreißen. Ja, vielleicht machen Sie sogar einen Luftsprung mitten in der Fußgängerzone. Warum nicht? Sollen die Leute Sie ruhig für ein wenig verrückt halten. Sie haben gewonnen! Dieses Gefühl trägt Sie nach Hause, und immer noch sind Sie kein bißchen müde.

Aber als Verkäufer kennen Sie natürlich auch das gegenteilige Gefühl, daß Sie trotz aller Vorbereitung, trotz Ihrer überzeugenden Verhandlungstaktik beim Kunden auf Granit beißen und nach einer halben Stunde mit einem Nein abgeschmettert werden. Schleichen Sie dann müde und abgespannt nach Hause oder zurück in die Firma? Sind Sie niedergeschlagen? Bitte nicht!

Stärken Sie in sich das Bewußtsein, daß Rückschläge Sie niemals von Ihren Träumen, Zielen und realistischen Visionen abbringen können. Suchen Sie ganz bewußt einen neuen Anlauf zum Erfolg. Als Top-Verkäufer wissen Sie, daß es sich immer lohnt, bei einem Nein nicht stehenzubleiben und es höchstens als Ansporn zu noch größeren Anstrengungen zu nehmen. Jeder Erfolg, und sei er noch so klein, schenkt Energie und Auftrieb für weitere, größere Erfolge. Denn wenn Sie immer wieder mit Mut und Ausdauer Erfolge sammeln, werden Sie das riesige Potential an Fähigkeiten ausschöpfen, das in Ihnen schlummert. Sammeln Sie Erfolge, und laden Sie damit Ihren Energiehaushalt wieder auf!

**Jeder noch so kleine Erfolg öffnet die Türen zu den geheimen Schatzkammern unseres unerschöpflichen Potentials.**

## Die Meßlatte für Erfolg liegt immer oben

Beantworten Sie sich einmal ganz ehrlich die Frage: „An wem messe ich mich?" Ist es der Kollege, der von jeder zweiten Verkaufsverhandlung mit einer Null vor und nach dem Komma zurückkommt, oder messen Sie sich an den Zahlen des Starverkäufers Ihres Unternehmens oder gar Ihrer Branche?

Hören Sie bei dieser Überlegung ganz ehrlich in sich hinein. Kommt da die mutlose Frage aus dem Hintergrund der Niederlagen: „Wie soll ich das schaffen? Dafür bin ich viel zu jung oder zu alt oder zu klein, zu schwach oder zuwenig kenntnisreich!" – Das sind fruchtlose Gedanken, die Sie nicht weiterbringen.

Sie sind auf dem Weg zum Top-Verkäufer! Deshalb kann es nur eine Antwort geben: „Ich erreiche noch nicht die Zahlen unseres Spitzenverkäufers, aber ich arbeite hart am Ausbau meines Wissens, an der Ausweitung meiner Beziehungen und an der Überzeugungskraft meiner Persönlichkeit!" Sie verdanken Ihre Erfolge der Tatsache, daß Sie sich immer nach oben orientieren. Auch ich wollte die Besten nicht nur annähernd erreichen, sondern übertreffen. Das ist die einzig richtige Einstellung für Top-Verkäufer. Verkaufen ist wie Sport, und Rekorde sind nur dazu da, daß man sie bricht!

**Sich selbst und die Welt können Sie nur verändern, wenn Sie das Unvorstellbare anstreben.**

## Die olympische Formel für großen Erfolg

Wie gut sind Sie als Verkäufer? Geben Sie sich selbst eine Einschätzung auf der nach oben offenen Erfolgsskala. Gehen Sie davon aus, daß 100 einen Spitzenplatz darstellt. In diese Selbsteinschätzung sollten alle relevanten Daten Ihrer Arbeit einfließen. Wie viele Kunden besuchen Sie pro Woche? Wie viele Telefonate führen Sie pro Tag? Wie viele Termine bekommen Sie pro Monat, und wie viele Abschlüsse können Sie dabei vorweisen?

Stärken Sie Ihr Erfolgsbewußtsein! Nehmen Sie sich in all diesen Bereichen Tagesziele, Wochenziele, Monatsziele und Jahresziele, die Ihnen vorgegeben wurden. Wenn Sie diese Ziele erreichen, sind Sie gut. Und nun erweitern Sie diese Vorgaben um Ihren persönlichen Faktor X.

Wenn Sie dann Ihre eigenen Vorgaben übertreffen, sind Sie auf dem besten Weg, ein Top-Verkäufer zu werden. Der Top-Verkäufer hat eine ganz einfache Erfolgsstrategie: Er will jeden Tag besser werden! Er führt nicht nur mehr Telefonate, er telefoniert auch erfolgreicher. Er macht nicht nur mehr Abschlüsse, sondern er sucht auch immer größere Abschlüsse.

Kurz, ein Top-Verkäufer steigert in allem, was er tut, die Quantität, und vor allem steigert er die Qualität. Das führt dazu, daß er immer mehr und immer größere Erfolge erzielt. Auf einen einfachen Nenner gebracht, ist das die Strategie, wie man sich reich verkauft. Schneller mehr und noch größere Aufträge – das ist die olympische Formel für Sie als Top-Verkäufer.

**Wir überschätzen gerne, was wir in einer Woche schaffen können, und wir unterschätzen, was wir in einem Jahr zu leisten imstande sind.**

# Mentales Doping für Erfolg

Kennen Sie das einzige rückstandsfreie Dopingmittel für Leistungssteigerung? Es besteht aus zwei sehr nah verwandten Komponenten. Sie lauten Motivation und Begeisterung! Motivation und Begeisterung sind die siamesischen Zwillinge des Erfolgs. Ihre hohe Motivation für den großartigen Beruf des Verkäufers läßt Sie sicher kleinere Probleme, Schwierigkeiten oder auch Rückschläge überwinden, immer wieder Mut fassen, den Erfolg zu suchen, ständig besser zu werden, neue Kunden zu akquirieren, nach neuen Herausforderungen zu suchen.

Sicher kennen Sie die unvorstellbar starke Wechselwirkung, die zwischen Motivation und Begeisterung und Erfolg besteht. Motivation und Begeisterung steigern Ihre Erfolgsaussichten ganz beträchtlich, und je erfolgreicher Sie werden, um so stärker werden auch Ihre Motivation und Ihre Begeisterung. Das ist die Spirale, die nach oben führt. Zu wissen, daß diese Spirale sich auch sehr leicht in die andere Richtung drehen kann, läßt den Top-Verkäufer um jeden Erfolg so entschlossen kämpfen.

Begeistern Sie sich jeden Tag für Ihren ganz persönlichen Erfolg! Das ist auch die Botschaft, die ich in meinen Vorträgen und Verkaufsseminaren in die Köpfe und Herzen meiner Zuhörer pflanze. Ich empfinde immer wieder eine tiefe Freude, wenn es mir gelingt, Menschen für ihren eigenen Erfolg zu motivieren. Aber das kann nur die Initialzündung sein. Sie werden diese Begeisterung in sich wachhalten und steigern – und das nicht nur, bis Sie Ihr Ziel erreicht haben. Schließlich wollen Sie nicht hinter dem Ziel abstürzen. Begeisterung, Lebensfreude, positive Spannung werden so Teil Ihres Lebens.

**Begeisterung für Erfolg ist das unsichtbare Band, das die Spitzenkräfte aller Branchen, aller Gesellschaftsschichten, ja, aller Nationen miteinander verbindet!**

## Sehnsucht nach Erfolg

Der großartige französische Autor Antoine de Saint-Exupéry erfand ein wunderbares Bild über das Lehren und Lernen. Er stellte die Frage: „Wie kann ich Menschen in der Wüste beibringen, wie man Schiffe baut?“ – Und er gab auch die Antwort: „Lehre sie die Sehnsucht nach dem Meer!“

Das ist der Grund, warum ich Sie die Sehnsucht nach Erfolg lehren möchte. Sie werden dann vieles von dem, was jetzt noch mühsam erscheint, was ein Übermaß an Disziplin erfordert, was große Teile Ihrer Freizeit kostet, mit hoher Motivation und Begeisterung einfach tun. Sie werden jeden Tag eine Stunde früher aufstehen, um schon zwei bis drei Zeitungen gelesen zu haben, bis Sie ins Büro gehen. Sie werden – ohne zu jammern – am Wochenende Produktpläne, Liefermöglichkeiten und Vertragsentwürfe studieren. Warum? Weil Sie begeistert sind von der Möglichkeit, sich als Top-Verkäufer wirklich reich zu verkaufen und Ihre großen Wünsche erfüllen zu können.

Das ist der Grund, warum Sie bestens vorbereitet, pünktlich, in geschmackvoller Kleidung und in hervorragender Laune bei Ihrem Kunden erscheinen – ganz einfach weil Sie wissen, daß das unabdingbar ist für Ihren Erfolg!

**Begeisterung für Erfolg ist die größte Kraftquelle, die wir Menschen aufspüren können.**

# Motivation – der wichtigste Treibstoff für Erfolg

Sie wissen so gut wie ich, daß der Beruf des Verkäufers wie kein anderer vom täglichen geistigen und emotionalen Austausch zwischen Menschen getragen wird. Deshalb sind Motivation und Begeisterung Ihr wichtigster Treibstoff für Erfolg. Selbstverständlich messen Sie als Top-Verkäufer den Wert Ihrer Leistung auch in der Summe des Geldes, die Sie für Ihre verantwortungsvolle Tätigkeit bekommen. Dennoch wissen Sie, daß Erfolg nur entsteht, wenn Sie nicht nur für Geld arbeiten.

Sie brauchen Motivation und Begeisterung für Ihren Beruf so notwendig wie eine Mühle das Wasser, das ihre Räder antreibt. Denn ohne diese unglaublichen Antriebskräfte wurde noch nie irgend etwas Außergewöhnliches geschaffen. Jedes Kunstwerk, das im Bewußtsein der Menschheit die Jahrhunderte überdauert hat, jedes erfolgreiche Buch, jede Erfindung, die die menschliche Zivilisation nachhaltig beeinflußt und verändert hat, jede Entdeckung in der Medizin, in der Chemie oder auch in den unendlichen Sternenhaufen des Universums setzt eine außergewöhnliche Motivation und bis an Besessenheit grenzende Begeisterung voraus.

Diese unumstößliche Tatsache sollten Sie Tag für Tag in Ihrem Bewußtsein verankern. Dann werden Sie in kurzer Zeit feststellen, daß Sie als Verkäufer eine absolute Spitzenstellung einnehmen. Warum das so ist? Weil Ihre wichtigsten Partner für Erfolg, Ihre Kunden, dieses Feuer, das in Ihnen brennt, wahrnehmen können.

**Motivation und Begeisterung sind der überzeugendste Beweis dafür, daß Sie Erfolg verdient haben.**

## Das Geheimnis des brennenden Verlangens

Wenn ich heute auf über 40 erfolgreiche Jahre als Verkäufer zurückblicke und mir vor Augen führe, daß das von mir gegründete Unternehmen an der Schwelle zu Erfolgen von wahrhaft gigantischen Ausmaßen steht, kann ich nur feststellen: Ich hatte offenbar die besten Startbedingungen, die man sich vorstellen kann! Ich erlebte und durchlitt als Kind einen Zustand erdrückender Armut. Das hat in mir das brennende Verlangen nach Erfolg, nach Lebensfreude, ja, und auch nach Reichtum geschürt.

Reichtum und Erfolg müssen Sie wollen! Von innen heraus. Je stärker dieses Verlangen nach Erfolg, nach Anerkennung und nach Reichtum ist, um so größer sind Ihre Aussichten, tatsächlich in die Liga der Top-Verkäufer aufzusteigen und sich „reich zu verkaufen"! Die hohe Motivation für den Beruf des Verkäufers ist nämlich noch nicht alles. Erst wenn die Begeisterung für Ihr Lebensziel und das brennende Verlangen nach Erfolg hinzukommen, haben Sie echte Aussichten auf einen großen Erfolg.

**Das brennende Verlangen, große Träume in greifbare Wirklichkeit zu verwandeln, schürt Ihren Erfolg.**

# Zielfotos im Kopf

Wie können Sie dieses brennende Verlangen nach Erfolg, nach Anerkennung, nach Reichtum in sich hervorrufen, wenn es nicht bereits in Ihnen vorhanden ist?

Sie können sich selbst beeinflussen, indem Sie sich Ihre Ziele täglich neu vor Augen führen. Ein bloßes Ablesen oder Aufsagen Ihrer Ziele würde Sie keinen Schritt weiterbringen. Sie müssen sich Ihre Ziele so bildhaft wie möglich vorstellen. In dieser Weise habe ich mir das Firmenlogo, das ich vor der Gründung der ce entworfen hatte, immer wieder an der Wand eines eindrucksvollen Bürogebäudes vorgestellt. Ja, ich hatte mir sogar vorgestellt, daß dieses rote c und e auf weißem Grund in roten Kreisen zwischen lauter japanischen Schriftzeichen hervorleuchten würde. Und tatsächlich – auch diese bildhafte und beinahe greifbare Vorstellung wurde wenige Jahre später Wirklichkeit. Ich gründete eine Niederlassung meines Brokerhauses in Tokio – noch ehe einer der deutschen Großkonzerne zur Stelle war. Glauben Sie mir, Ihr brennendes Verlangen und Ihre Vorstellungskraft können größere Ziele entwerfen als der Planungsstab eines Konzerns, dem das Feuer der Begeisterung fehlt.

Entwerfen Sie eine völlig neue Erfolgslandschaften für Ihr Leben, und spazieren Sie darin so selbstverständlich herum, als hätten sich diese Bilder bereits konkretisiert.

**Alles, was der Mensch je geschaffen hat, hat er aus seiner Vorstellung in die Wirklichkeit übertragen.**

## Bilder werden Wirklichkeit – durch Autosuggestion

Sie können Ihr Unterbewußtsein mit Bildern tatsächlich so stark beeinflussen, daß daraus der brennende Wunsch entsteht, diese Bilder in greifbare Wirklichkeit zu verwandeln. Werden Sie sich der ungeheuren Autosuggestionskraft Ihres Unterbewußtseins bewußt. Gehen Sie vor wie einer der großen Filmregisseure. Entwerfen Sie im Kopf Bild für Bild, Sequenz für Sequenz, bis der Erfolgsfilm Ihres Lebens ganz real vor Ihrem inneren Auge abläuft – und dann setzen Sie diesen Entwurf um!

Stellen Sie sich vor, wie Sie bei einem großen Kunden sitzen, ein Geschäft abschließen und wie Sie anschließend einen Auftrag von über einer Million Mark mit nach Hause nehmen! – Sie sagen Utopie! Ich habe diese Utopie erlebt, und ich kann Ihnen versichern, daß von dieser siebenstelligen Zahl auf meinem Auftragsblock eine unglaubliche Zugkraft in Richtung Erfolg ausging! Plötzlich fielen mir kleinere Verkaufserfolge wie von selbst zu – als ob sich mein starkes Erfolgsbewußtsein auf meine Kunden übertragen würde.

Wissen Sie, was der große amerikanische Filmkomiker Jim Carey tat, als er noch in ganz ärmlichen Verhältnissen lebte und nicht einmal regelmäßig seine Miete bezahlen konnte? Er schickte sich selbst per Post einen Scheck über eine Million US Dollar! Wow! Das brachte seine Phantasie in Schwung.

**Im Erfolg sind die Grenzen zwischen Vorstellung und Realität fließend.**

## Der winzige Schritt, der den Unterschied macht

Haben Sie sich schon einmal genau überlegt, welche Einstellung zu absoluten Spitzenleistungen und damit zu Spitzenergebnissen führt, nicht nur im Beruf, sondern in jedem Lebensbereich? Oder anders gefragt: Was glauben Sie, um wieviel der gute Verkäufer vom sehr guten Verkäufer und der wiederum vom Top-Verkäufer entfernt ist?

Ich behaupte, daß der Unterschied auf den ersten Kilometern dieses Marathonlaufs gar nicht so groß ist. Bleiben wir beim Sport. Stellen Sie sich den Zieleinlauf eines Hundertmeterlaufes vor. Zwischen dem ersten und dem letzten liegen vielleicht nur eineinhalb Meter, und zwischen dem ersten und dem zweiten liegt oft buchstäblich nur eine Nasenlänge. Wie weit auseinander liegen also die Leistungen? – Richtig! – Minimal! Aber nun frage ich Sie: Wer wird als Sieger gefeiert? Wessen Foto erscheint am nächsten Tag in allen Zeitungen, und wer bekommt die ganzen Sponsorengelder? – Selbstverständlich der Gewinner! Halten Sie das für gerecht? Die Antwort darauf überlasse ich Ihnen. Für den Top-Verkäufer bedeutet dieses Beispiel jedenfalls, daß er dauerhaft mindestens um eine Nasenlänge besser sein muß als seine Mitbewerber!

**Der Kampf um die Spitze wird immer unter den Besten entschieden, aber es gibt nur einen ersten Platz. Das ist eine verdammt harte Vorgabe.**

## Klare Emotionen – saubere Schnittstellen

Der Top-Verkäufer geht den Alarmsignalen seiner höchst sensiblen Intuition, seines Unterbewußtseins, seiner Bauchgefühle, seines sechsten Sinnes – oder wie Sie diesen Bereich des rational nicht genau Erklärbaren auch nennen mögen – immer nach.

Diese Wahrnehmungen richten sich sowohl auf Sachverhalte und emotionale Schwebezustände, die ihn selbst betreffen, wie auch auf Dinge, die für seinen Kunden noch der Klärung bedürfen könnten. Er begegnet diesen Wahrnehmungen mit seinem stark ausgebildeten Willen zu absoluter Klarheit und mit seinem Mut, auch unangenehme Dinge offen anzusprechen.

Auf keinen Fall gibt der Top-Verkäufer dem Drang nach, über derartige Alarmsignale hinwegzugehen, um möglichst schnell zu einem Abschluß zu gelangen. Er weiß nämlich nur zu gut, daß aus ungeklärten Fragen Schwierigkeiten entstehen können, die oft den gesamten Kundenauftrag gefährden. Hierin unterscheidet er sich ganz stark von Durchschnittsverkäufern, die derartige Fragen am liebsten unter den Teppich kehren, um möglichst schnell zu einem Abschluß zu kommen. Während das Handeln der Durchschnittsverkäufer vom vordergründigen Umsatzdruck bestimmt wird, läßt sich der Top-Verkäufer vor allem von seiner Verkaufsethik leiten.

Außerdem weiß der Top- Verkäufer, daß aus ungeklärten Fragen nach einem Abschluß u. U. Probleme entstehen, die seine Kundenbeziehungen nachhaltig beeinträchtigen können. Deshalb wird er nie auf einen Abschluß drängen, bevor er noch keine sauberen Schnittstellen geschaffen hat.

**Das menschliche Urteilsvermögen begeht die schwerwiegendsten Fehler, wenn es nur von persönlichen Wünschen gelenkt wird.**

## Das beste Time-Management: Probleme vermeiden

Das beste Time-Management findet nicht in Ihrem Terminkalender statt, sondern in einem sauberen Denken, das alle Details, die mit einem Kundenauftrag zusammenhängen, auf mögliche Probleme hin untersucht. Der Top-Verkäufer entwickelt daher von der Vorbereitung des Kundengesprächs über die Reiseplanung bis hin zu allen Schritten des Kundengesprächs und der Abwicklung eines Auftrags eine wahre Detailbesessenheit.

Diese Detailbesessenheit entspringt nicht einem kleinlichen Perfektionismus, sondern seinem untrüglichen Erfolgsbewußtsein. Glauben Sie mir und meiner jahrzehntelangen Erfahrung im Umgang vor allem mit jungen Verkäufern, deren ganzer Ehrgeiz nur auf den Erfolg ausgerichtet war: Wer nur den vordergründigen Erfolg im Blick hat, geht gerne über hinderliche Details hinweg, ohne zu bedenken, daß aus ihnen häufig Probleme entstehen, die ein Vielfaches an Zeit kosten.

Die Fehlervermeidung ist deshalb für einen Top-Verkäufer ein wichtiger Teil des Time-Managements.

**Kleine Fehler kosten oft den großen Erfolg.**

## Entschlossenheit zur Spitzenleistung

Vergessen Sie nie diesen minimalen Unterschied zwischen der Goldmedaille und der Bedeutungslosigkeit. Es sind oft nur Hundertstel Sekunden, die diesen Unterschied ausmachen. Das ist die Antwort auf die Frage jedes Menschen, der mehr erreichen möchte als nur ein einigermaßen zufriedenstellendes Auskommen. Erfolg ist eine Frage der inneren Einstellung. Erfolg muß man wollen – mit voller Hingabe! Dieser Wille zum Erfolg duldet auch keinen Aufschub.

Glauben Sie mir, es lohnt sich immer, seine tägliche Arbeit, seine Planung, seine Phantasie, seine Überzeugungskraft, seinen Mut, seine Ausdauer, seine Durchsetzungsfähigkeit und nicht zuletzt seine körperliche Fitneß auf diesen minimalen Unterschied zwischen Goldmedaille und zweitem Platz hin auszurichten.

Ich spürte diesen Drang, nicht nur gut zu sein, sondern Spitzenleistungen zu bringen, schon in sehr jungen Jahren. Ich war jederzeit bereit, auch nach Feierabend oder am Samstagnachmittag zu Kunden zu fahren, um zum Beispiel Fernsehantennen zu montieren, die sie bei mir gekauft hatten.

Das steigerte zum einen mein Ansehen bei den Kunden und in dem Unternehmen, für das ich arbeitete. Zum anderen ergaben sich aus diesen Kundenbesuchen Gespräche, die mich menschlich weiterbrachten. Außerdem lernte ich dabei häufig einen Lebensstil kennen, der für mein späteres Leben prägend war.

**Das ist das Schöne am Beruf des Verkäufers – Einsatz und Erfolg bringen immer Gewinn, auch wenn dieser nicht sofort auf dem Kontoauszug erscheint.**

# Grundtugend Fleiß

Fleiß, gepaart mit Disziplin, gehört unverzichtbar zu Ihren Grundtugenden, wenn Sie sich zum Ziel gesetzt haben, Spitzenleistungen zu erbringen. Sie können noch so brillante Ideen produzieren, noch soviel Überzeugungskraft, Ausstrahlung und Charme besitzen – wenn Sie nicht bereit sind, überdurchschnittlich fleißig zu sein, werden Sie wenig Chancen haben, in Ihrem Unternehmen oder gar in Ihrer Branche an die Spitze zu gelangen.

Die verkäuferischen Tugenden Fleiß, Ausdauer, Detailbesessenheit und Lernbereitschaft hängen alle mit dem Ziel zusammen, auf dem Weg zur Spitze täglich besser zu werden. Dieses Ziel wiederum entspringt der Begeisterung für den schönsten Beruf der Welt – den Verkäuferberuf!

Wer nur fleißig ist, ohne sich für seinen Beruf zu begeistern, bringt es höchstwahrscheinlich nur auf viele Arbeitsstunden, aber nicht auf einen Spitzenplatz im Kampf der Besten. Für Sie dagegen ist Fleiß einfach die Möglichkeit, den größtmöglichen Nutzen für Ihr Unternehmen, für Ihre Kunden und damit auch für sich selbst aus einem Arbeitstag herauszuholen.

Wenn für Sie dieser Fleiß zur Gewohnheit geworden ist und von einem gesunden Ehrgeiz begleitet ist, werden Sie auch nie der Gefahr erliegen, im Erfolg müde zu werden.

**Fleiß entsteht aus der Begeisterung für ein Ziel.**

## Pflegen Sie Ihren K-Faktor

Was schätzen Sie, wie groß Ihr K-Faktor, Ihr Kommunikationsfaktor, ist? Ich gehe davon aus, daß Sie ein sehr kommunikationsfreudiger Mensch sind, da Sie sich sonst sicher nicht für den kontaktintensivsten Beruf der Welt entschieden hätten. Verkäufer sind von Haus aus große Kommunikationstalente.

Da Sie ein Top-Verkäufer werden wollen, sollten Sie Ihren natürlicherweise schon hohen K-Faktor bis zur „Bundesligareife“ steigern. Ihr Training dafür beginnt damit, daß Sie jedem Kunden, ja, jedem Menschen, der Ihnen begegnet, ein gewinnendes Lächeln schenken.

Gehen Sie von sich aus auf andere Menschen zu. Die Gelegenheiten dazu beschränken sich nicht auf Menschen, die Sie bereits kennen. Ich zum Beispiel habe von Kind auf sehr stark den Kontakt zu anderen Menschen gesucht – erst in meiner nächsten Umgebung und später auf Reisen, wo immer ich auch hinkam. Das ist mir bis heute geblieben.

Diese Fähigkeit, immer und überall mit Ihren Mitmenschen in Kontakt zu treten, können Sie täglich üben und ausbauen. Gesprächspartner, die Ihnen etwas Neues, Unerwartetes und Interessantes erzählen können, finden Sie überall – wenn Ihr K-Faktor stimmt. Und der ist ganz entscheidend davon abhängig, welche Einstellung Sie zu sich selbst haben. Es bleibt Ihnen also gar nichts anderes übrig, als erst einmal ein gutes Verhältnis zu sich selbst aufzubauen, oder meinen Sie nicht auch?

**Top-Verkäufer mögen sich selbst und finden Kontakte, wo immer sie sich bewegen.**

# Info-Austausch global

Die Kommunikationstechnologie hat uns zum Ausgang dieses Jahrhunderts das wunderbare Geschenk gemacht, daß wir über alle Länder- und Zeitgrenzen hinweg Kommunikation pflegen und Informationen sammeln können. Ich kann es mir zwar kaum vorstellen, daß Sie noch kein regelmäßiger Internet-User sind. Sollte das aber dennoch der Fall sein, gebe ich Ihnen den dringenden Rat, sich erst einmal per Internet-Anschluß den Zugang zum größten Wissenspool zu verschaffen, über den die Menschheit je verfügen konnte. Es gibt heute keine Bibliothek, kein Museum, keine Galerie, die Sie nicht besuchen können und deren Schätze Ihnen nicht per Internet zur Verfügung stehen. Sie können die neueste Ausgabe jeder auf der Welt verfügbaren Zeitung lesen. Sie können aber auch im Weißen Haus in Washington oder im Vatikan spazierengehen. Also, Ihre Möglichkeiten sind unbegrenzt – und das soll Sie bitte nicht abschrecken!

Außerdem sind Sie wirklich nur noch einen Mausklick von Millionen von Nachbarn auf unserem internetvernetzten Planeten entfernt. Falls Sie schon einmal einen Vortrag von mir gehört haben, wissen Sie, daß ich vor allem Top-Manager gerne mit dem Satz schocke: „Wenn Sie auf Ihrer Visitenkarte noch keine E-Mail-Adresse stehen haben, sind Sie ein Auslaufmodell!“

Außerdem steht die Menschheit erst am Anfang der globalen Vernetzung, und Sie wissen nicht, ob Sie nicht schon in fünf oder zehn Jahren als Top-Verkäufer in direkter Konkurrenz zu einem indischen, japanischen oder amerikanischen Kollegen stehen – auch wenn Sie hier in Deutschland Autos oder Kücheneinrichtungen verkaufen.

**Top-Verkäufer sehen in der Globalität eine unglaubliche Chance. Sie begegnen dieser Herausforderung mit Mut und Innovationsbereitschaft.**

## Der globale Beziehungsmanager

Geld und theoretisches Wissen werden erst durch innovative Zukunftspläne, durch Motivation, durch gute zwischenmenschliche Kommunikation und durch Visionen wirksam. Verstehen Sie sich deshalb als Beziehungsmanager zwischen den innovativen Kräften des Unternehmens, für das Sie arbeiten, und Ihren Kunden.

Der Zusammenbruch der totalitären Staatswirtschaften hat deutlich gezeigt, daß Wirtschaftssysteme nur dann lebendig und funktionsfähig sind, wenn wir Verkäufer Produkte, Ideen und Dienstleistungen in Umlauf bringen. Wir sind es doch, die im Kunden die Phantasie für Wünsche wecken. Gleichzeitig bieten wir die Lösung für diese entstehenden Wünsche an.

Mehr als die Hälfte jedes wirtschaftlichen Erfolgs entsteht durch die Motivation, durch die Begeisterung und die Hingabe an die Umsetzung einer Vision, die wir Verkäufer in uns tragen. In früheren Jahrhunderten waren wir auf Karawanen und Trecks quer durch die Kontinente unterwegs. Es waren Kaufleute, die für den Austausch von Waren und Geist sorgten, die zusammen mit der Seide, mit Gewürzen und mit kostbaren Edelsteinen die Kunde von entlegenen Landstrichen, fremden Menschen und unbekanntem Wissen nach Haus brachten und dadurch insgesamt das Leben der Menschheit veränderten. Die Ideen, die sie mitbrachten, revolutionierten das Denken. In gewisser Weise gilt das auch heute noch. Nicht selten sind es Top-Verkäufer, die durch ihre Ideen und ihre Motivation die Unternehmen auf die Höhe der Zeit bringen und ihnen den nötigen Schwung für die Zukunft geben. Darauf können Sie stolz sein!

**Der Top-Verkäufer ist die Seele der Wirtschaft. Ohne ihn gibt es keinen lebendigen Wirtschaftsorganismus.**

## Immer besser durch immer neue Ziele

Wie entsteht dauerhafter Erfolg? Das ist eine sehr ernste Frage, der Sie sich als Top-Verkäufer immer wieder stellen müssen. Sie unterliegen nämlich der großen Gefahr, aufgrund Ihrer hervorragenden Leistungen selbstgesteckte Ziele schnell zu erreichen und dann einfach satt und auch ein wenig träge zu werden. Irgendwann taucht dann die Frage auf: Wozu soll ich mich noch weiter plagen? Ich habe doch alles erreicht, was ich mir als Ziel gesetzt hatte!

Der bekannte Musiker David Bowie hat dazu einmal gesagt: „An dem Tag, an dem du denkst, du kannst nicht mehr besser werden, fängst du an, immer denselben Song zu spielen!“

Ich habe jedenfalls aus der Beobachtung vieler Lebensläufe die Erfahrung gewonnen, daß der größte Feind des dauerhaften Erfolgs der zu leicht gewonnene Erfolg ist. Halten Sie sich deshalb gerade im Erfolg immer wieder vor Augen: Meine Entwicklung ist nie zu Ende. Ich kann mich ständig verbessern!

**Das beste Mittel gegen geistige Windstille und Stillstand, der unweigerlich zum Rückschritt führt, ist die permanente Anpassung der Ziele an neue Herausforderungen.**

## Eine einfache Erfolgsstrategie: jeden Tag besser werden

Dieser Rat und diese dringende Aufforderung zieht sich durch das ganze Buch – aus gutem Grund! Jeden Tag besser werden ist die wichtigste Lebenseinstellung, die Sie sich zu eigen machen können. Wir müssen uns vor allem mit unseren Informationen immer auf der Höhe der Zeit bewegen. Wir müssen keine Autos bauen und keine Computer entwickeln können. Letzteres konnte übrigens auch Steve Jobs nicht, der wie ein Besessener die Entwicklung des Personalcomputers vorantrieb.

Wir Verkäufer müssen sehr häufig den Entwicklungsingenieuren sagen, welche Waren morgen gewünscht und gebraucht werden, weil wir die Hand am Puls unserer Kunden haben. Wir erfahren jeden Tag, daß das Wissen von gestern und vor allem die Informationen von gestern in den innovativen Wachstumsbranchen nur noch als Brücken zum Morgen dienen. Denken Sie nur an die ungeheure Dynamik des Mikrochips, des Bausteins der Zukunft! Er zwingt uns, täglich dazuzulernen, egal in welcher Branche wir tätig sind.

Wer mit seinem Beruf also nicht so sehr finanzielle als vielmehr geistige Ziele verfolgt, findet gerade als Top-Verkäufer ein Betätigungsfeld, das ihm nie langweilig wird. Er muß nur ständig flexibel auf neueste Entwicklungen und Informationen reagieren und dazulernen.

Ich frage mich seit Jahren vor dem Einschlafen: „Was hast du heute dazugelernt?“ Ja, ich kann mich wirklich dafür begeistern, täglich meinen Wissensstand zu überprüfen und zu erweitern. Und das ist mit der wichtigste Rat, den ich auch Ihnen geben kann. Überprüfen Sie täglich Ihren Wissenstand.

**Selbstzufriedenheit und Routine sind das Grab des Erfolgs.**

## Herausforderung Informationszeitalter

Top-Verkäufer, die ihre Karrieren langfristig planen wollen, dürfen die Tatsache nicht außer acht lassen, daß sich das Wissen der Menschheit alle fünf Jahre verdoppelt. Wir in Deutschland neigen immer noch dazu, nur die Technologien des 19. Jahrhunderts bis zu absoluten Spitzenprodukten zu verfeinern. Es wäre denkbar, daß wir damit – auf höchstem Niveau – die Zukunft verpassen!

Andy Grove, viele Jahre lang der führende Kopf von Intel, dem größten und innovativsten Mikrochip-Hersteller der Welt, sagte 1998 auf dem Weltwirtschaftsgipfel in Davos: „Europa muß endlich aufwachen, wenn es nicht dauerhaft den Anschluß an das Informationszeitalter verpassen will!" – Nehmen Sie sich diese Warnung wirklich zu Herzen, denn es ist heute bereits absehbar, daß diese Warnung gar nicht dramatisch genug war.

Kämpfen Sie in Ihren Unternehmen um die neueste Informationstechnologie, um den schnellsten Internetzugang, um die hausinterne Informationsvernetzung – und um die allmähliche Abschaffung des Papiers zum Austausch von Aktennotizen. Sie sind ohnehin ein Zeichen aussterbender Hierarchien, die von Informationsdinosauriern geleitet werden.

Information und Wissen brauchen für ihren Austausch keine Hierarchie, sondern 125 Kilobyte.

**Wissen ist zum wichtigsten Produktionsfaktor des anbrechenden 21. Jahrhunderts geworden. Deshalb ist der Top-Verkäufer immer auch ein Informationsbroker!**

## Arbeiten im "Global Village"

Nehmen Sie sich für Ihre ganz persönliche Zukunftsplanung den Satz zu Herzen: Wer die Kommunikationstechnologien von heute nicht beherrscht, ist auf dem Arbeitsmarkt von morgen automatisch von höherwertigen Positionen ausgeschlossen! – Und verknüpfen Sie ihn mit der Erkenntnis, die Ihren Alltag inklusive Wochenende, Freizeit und Urlaub revolutioniert: Der globale Markt ist 24 Stunden am Tag geöffnet!

Für Sie als Top-Verkäufer bedeutet das, daß Sie rund um die Uhr erreichbar sein müssen. Nicht unbedingt persönlich, aber über die Mailbox Ihres Mobiltelefons, über Fax und natürlich per E-Mail. Mein Wochenende geht auch nicht davon kaputt, daß ich am Sonntag gelegentlich mit einem Mitarbeiter in Tokio oder in Las Vegas telefoniere. Im Gegenteil, ich genieße es, vor allem wenn ich dabei auf einem der Berge am Tegernsee sitze.

Ihr Handy sollte natürlich nicht klingeln, während Sie sonntags in der Kirche sitzen oder wenn Sie mit Ihren Freunden Kaffee trinken. Aber ein klein wenig verändern sollten Sie Ihre Einstellung zum Info-Austausch am Wochenende schon!

**Der Top-Verkäufer hat ständig die Hand am Puls der Zeit.**

## Vorsicht: Kunde sucht im Internet!

Ja, in der Tat, Ihr Markt verändert sich. Ihr Kunde verändert sich, und die globale Konkurrenz checkt ganz ungeniert Ihre neuesten Angebote. In den mittelalterlichen Städten saßen die Mitbewerber einer Branche alle in derselben Straße. Heute sitzen Sie alle im selben Internet! Es ist also nur der Marktplatz ein wenig größer geworden. Schnelligkeit war jedenfalls zu allen Zeiten ein aktuelles Thema für Verkäufer! Zugegeben, heute müssen Sie noch ein wenig schneller sein!

Trotz aller Veränderungen wird es mit ziemlicher Sicherheit immer den Supermarkt an der Ecke geben. Ob es allerdings immer das französische, italienische, japanische oder koreanische Autohaus geben wird, wage ich zu bezweifeln. Die Mehrzahl der Kunden wird in wenigen Jahren in der Lage sein, sich ihren Traumwagen am Computer zusammenzustellen und diese Bestellung per Knopfdruck an eine Verteilerzentrale weiterzugeben. Der Buchmarkt macht uns bereits vor, wie das funktionieren kann. In diesem Bereich ist das „Global Village“ für den Konsumenten schon greifbar nahe.

Wer als Top-Verkäufer nicht nur bestehen, sondern ganz nach oben kommen will, tut gut daran, diese Entwicklung für seine Branche ganz aufmerksam mitzuverfolgen. Top-Verkäufer müssen wissen, daß diese Form des Handels in wenigen Jahren nahezu alle Branchen erfassen wird.

**Top-Verkäufer leben bewußt in der Globalität.**

## Bildungsurlaub angesagt

Informationen kann man nur auf der Basis fundierten Wissens wirklich zu brauchbaren Entscheidungen formen. Deshalb ist es für Sie als Top-Verkäufer Teil eines Pflichtprogramms, sich ständig durch Lektüre von Fachliteratur auf dem laufenden zu halten. Für viele Branchen sind heute amerikanische Fachzeitschriften ein Muß. Ein Top-Verkäufer muß also zumindest so gut Englisch beherrschen, daß er diese Fachartikel lesen kann.

Stellen Sie sich deshalb die Frage, ob Ihr Englisch dafür ausreicht und wenn Ihre ehrliche Antwort „nicht ganz" lautet, sollten Sie Ihren nächsten Urlaub als Kombination von Erholung und Sprachkurs planen.

Ein Top-Verkäufer kann es sich nicht leisten, sich auf dem Informationsstand vom vergangenen Jahr auszuruhen. Er darf einfach nicht in eine Wissens- und Denkroutine verfallen, wenn er aktiv im Geschäft bleiben möchte. Ein Top-Verkäufer braucht ständig neue Ideen, weil jede neue Idee zur Befreiung von Routine und eingefahrenem Denken führt.

**Stillstand ist Rückschritt. Deshalb hält ein Top-Verkäufer seine grauen Gehirnzellen ständig in Bewegung.**

# Die Strahlkraft der Persönlichkeit

Top-Verkäufer haben eine positive Einstellung zum Leben im allgemeinen und zu ihrem Beruf im besonderen. Wir Verkäufer pflegen unsere Stimmung, unsere Lebensfreude und natürlich auch unsere Disziplin jeden Tag, weil von dieser Grundstimmung wirklich alles abhängt – unser Aussehen, unser Auftreten beim Kunden, unsere Zuverlässigkeit und nicht zuletzt unser Umsatz.

Ich habe jedenfalls noch nie einen Verkäufer erlebt, der schlampig angezogen ist, zu spät kommt und gleichzeitig mit einem Höchstmaß an Disziplin und Zuverlässigkeit seine Kunden betreut. Ich bin allerdings auch der Meinung, daß jeder Mensch die Möglichkeit hat, sich und sein Leben jeden Tag zu verändern, störende Gewohnheiten abzulegen und die Ausstrahlungskraft seiner Persönlichkeit zu verbessern. Er muß sich nur über eines im klaren sein: Er muß es wollen, und zwar selbst. Veränderungen, die von außen aufgezwungen werden, halten meistens gerade so lange, wie der Druck aufrechterhalten wird.

Top-Verkäufer gehören nicht zu den Menschen, die unbewußt jeden Tag ein bißchen mehr abbauen, in Routine verfallen und auf den Stillstand zusteuern, sondern zu denen, die bewußt und gezielt täglich an sich arbeiten und täglich ein bißchen besser werden.

**Die permanente Entwicklung des eigenen Potentials ist keine Frage des Zufalls, sondern einer konsequenten Planung und Durchführung.**

## Die Höflichkeit der Könige

Eine der leichtesten Übungen, mit Verbesserungen anzusetzen, ist die Pünktlichkeit. Es heißt nicht umsonst: „Pünktlichkeit ist die Höflichkeit der Könige!“ Erinnern Sie sich an Kundengespräche, die über eine lange Anfangsphase sehr schleppend verliefen, weil Sie zu spät kamen und der Kunde im Lauf des Wartens einen Großteil seiner positiven Erwartungshaltung eingebüßt hatte?

Mein Grundsatz für ein erfolgreiches Kundengespräch lautet deshalb: „Pünktlichkeit ist der beste Auftakt für ein positives Verkaufsgespräch!“ Wenn ich nämlich mit einer mehr oder weniger stichhaltigen Entschuldigung mein Zuspätkommen erklären muß, habe ich schon 50 Prozent meiner Erfolgsaussichten leichtfertig aufs Spiel gesetzt! Pünktlichkeit ist eine Frage der Achtung des Kunden und seiner Arbeitszeit. Zur Umsetzung dieser ganz einfachen Regel gehört die solide Planung von scheinbaren Nebensächlichkeiten. Ich würde vor einem frühen Morgentermin, zu dem ich zwei oder drei Stunden anfahren muß, niemals zu Bett gehen, ohne minutiös meine Unterlagen vorbereitet und meine Kleidung bis in alle Einzelheiten zurechtgelegt zu haben. Selbstverständlich sehe ich mir die Strecke genau an, ehe ich losfahre, und genauso selbstverständlich rechne ich eine ausreichende Zeitreserve für unvorhergesehene Aufenthalte ein. Warum? Das gute Gefühl, rechtzeitig an Ort und Stelle zu sein, ist für mich bereits ein Teil des Erfolgsgefühls, das ich nach einem guten Kundengespräch erlebe. Pünktlichkeit ist für mich weit mehr, als nur rechtzeitig beim Kunden zu erscheinen: Pünktlichkeit ist der Ausdruck einer gut organisierten Planung, der Wertschätzung des Gesprächspartners und der hohen Motivation für den Beruf und für den Erfolg.

**Pünktlichkeit ist der Ausdruck einer verläßlichen Persönlichkeit.**

## Die Dynamik der Bügelfalte

Ein Top-Verkäufer weiß, daß Äußerlichkeiten Signale für innere Einstellungen sind. Er achtet auf diese Signale bei seinen Kunden. Wie ist er gekleidet? Wie ist sein Büro eingerichtet? Läßt sein Schreibtisch nur auf viel Arbeit schließen, oder macht er eher einen chaotischen Eindruck?

Da ein Top-Verkäufer aber weiß, daß er von seinem Gesprächspartner in der gleichen Weise eingeschätzt wird, ist es ihm selbstverständlich, bei sich selbst stets auf ein gepflegtes Äußeres zu achten. Abgesehen von seiner Körperhaltung ist sein äußeres Erscheinungsbild das, womit er seinem Kunden Zuverlässigkeit, Dynamik, Ordnungsliebe und ein gesundes Selbstbewußtsein signalisiert. Ein frisches Hemd, ein gebügelter Anzug, eine farbenfrohe, dynamische Krawatte und sauber geputzte Schuhe sind eine Selbstverständlichkeit.

Zu diesen Äußerlichkeiten gehört auch, daß das gesamte Outfit zu seiner Stellung passen muß. Wenn ein junger Verkäufer mit einem Luxusgefährt beim Kunden vorfährt, einen sündhaft teuren Maßanzug trägt und bei den Verhandlungen noch locker eine goldene Armbanduhr präsentiert, mag das sein Ego stärken. Auf den Kunden wirkt es jedenfalls eindeutig negativ.

**Mehr sein als scheinen, das ist für den Top-Verkäufer oberstes Gebot im Auftreten.**

## Das Leben ist eine Einheit

Das Leben eines Menschen ist unteilbar. Er kann sich in einer Phase beruflicher Schwierigkeiten nicht einfach in sein Privatleben flüchten. Und er kann private Schwierigkeiten nicht mit beruflichen Erfolgen übertünchen. Erfolg wie Mißerfolg spielt sich immer auf allen Ebenen ab. Die Kunst liegt darin, dennoch beide Bereiche sauber auseinanderzuhalten.

Ein erfolgreicher Abschluß läßt einen Verkäufer sicherlich mit einem entsprechenden Hochgefühl in den Feierabend oder ins Wochenende gehen. Bei einem bitteren Mißerfolg dagegen liegen die Nerven blank, und dann entsteht aus einer Lappalie auch im Privatleben sehr schnell eine große Mißstimmung. Es ist unausweichlich, daß der Beruf das Privatleben beeinflußt, auch wenn man sich noch so große Mühe gibt, diese beiden Sphären zu trennen.

In umgekehrter Richtung beeinflußt natürlich auch das Privatleben die berufliche Arbeit. Das gilt ganz besonders im Verkauf. Negative Gefühle, die jemand aus seinem privaten Bereich – ohne sich darüber im klaren zu sein – mit in ein Kundengespräch nimmt, machen sich ganz eindeutig bemerkbar. Sie verringern die Motivation und die Begeisterung und damit auch die Ausstrahlung. Negative Gefühle, egal woher sie kommen, sind starke „Energieabsauger".

Diese nicht zu bezweifelnde Erkenntnis hat mich zu der klaren Strategie geführt, Unstimmigkeiten im Kreis der Mitarbeiter wie im privaten Bereich sofort und ohne Umschweife auszudiskutieren.

**Ein Top-Verkäufer läßt in seiner Umgebung niemals Schwelbrände entstehen, weil er weiß, daß sie unweigerlich seine Motivation, seine Lebensfreude und damit seinen Erfolg beeinträchtigen.**

## Die Sprache – ein Spiegel Ihres Denkens

So klar wie ein Top-Verkäufer seine beruflichen und privaten Angelegenheiten ordnet, so klar ist auch seine Sprache. Ja, achten Sie auf Ihre Sprache. Sie sagt sehr viel über Ihren Mut, Ihre Entschlossenheit, Ihre Lebenseinstellung. So wie nach den Worten Samy Molchos der Körper der Handschuh der Seele ist, so ist die Sprache der Anzug des Denkens.

In der Sprache manifestiert sich die Denkweise eines Menschen. Sie zeigt seinen Mut oder auch seine Mutlosigkeit, seine Bereitschaft, Verantwortung zu übernehmen, oder auch den Hang zur Unselbständigkeit. Viele Menschen versuchen krampfhaft, ihre wahren Absichten hinter blumigen Erklärungen zu verstecken, zum Beispiel wenn sie in Besprechungen großartig entwerfen, „was wir alles in der nächsten Zeit erledigen müssen", und wenn sie mit dieser Aufforderung zur gemeinsamen Anstrengung alle meinen, nur nicht sich selbst.

Von einem Top-Verkäufer werden Sie auch nie Sätze hören wie: „Eigentlich müßte ich schon lange wieder mal die Firma XY anrufen!" oder „Ich will mal versuchen, ob wir an diesem Auftrag vielleicht doch noch was ändern können!" Ein derartiger Ausdruck von Hilflosigkeit und Unentschlossenheit käme nie über seine Lippen. Auch das weitverbreitete „Jein!", das so typisch ist für geistige Orientierungslosigkeit, ist in den Augen des Top-Verkäufers ein Unwort.

Ein Top-Verkäufer signalisiert mit seiner Sprache seine Bereitschaft, etwas zu bewegen und Lösungen herbeizuführen.

**Die Stimme gibt die Stimmung wieder, die Wörter die Vielfalt des Denkens und der Satzbau den Charakter eines Menschen.**

## Sprachreinigung

Der Top-Verkäufer erkennt sich in seiner Sprache. Gehen Sie deshalb aufrichtig und ehrlich daran, Ihre eigene Sprache zu reinigen. Sie wissen, daß all die „vielleicht, eigentlich, möglicherweise, ja – aber!“ nicht einfach nur unbedeutende Wörter sind, sondern Signale für Unentschlossenheit, Mutlosigkeit und Scheu vor Verantwortung.

Sätze wie „Das geht nicht!“, „Im Prinzip haben Sie ja recht, aber in meiner Firma läuft das nicht so!“ sind nichts als Weichspüler, die einem aufmerksamen Zuhörer sofort signalisieren, was für eine schwache Position sein Gesprächspartner einnimmt. Ein verantwortungsbewußter Verkäufer wird seinem Kunden niemals gutgemeinte Ausreden anstelle von echten Lösungen anbieten. Inhaltlose Rhetorik beschwichtigt meist nur den, der sich damit über unhaltbare Versprechungen hinwegschwindelt.

Streichen Sie vor allem in Gesprächen mit Ihren Kunden alle „eigentlich“, „aber“ und „vielleicht“ aus Ihrem Wortschatz. Dann werden Sie plötzlich erkennen, daß Sie ernstgemeinte Zusagen formulieren und diese auch einhalten werden, anstatt von vornherein Ausreden und Entschuldigungen einzuplanen. Diese Weichspülöer verhindern jeden ernsthaften Entschluß, ein einmal gesetztes Ziel auch wirklich zu erreichen.

Und vergessen Sie nicht: Am stärksten wirkt Ihre Sprache, wenn sie mit Ihren Ergebnissen übereinstimmt!

**In einer sauberen und klaren Sprache liegt sehr viel unbewußte Autosuggestion zum Erfolg.**

# Weit über Durchschnitt — ein Buch pro Woche

Auf dem Weg zum Top-Verkäufer sollten Sie Eigenschaften und Fähigkeiten, Verhaltensweisen und Grundtugenden entwickeln, die Sie vom Durchschnitt abheben. Eine wichtige Voraussetzung, die Sie weiterbringt, erfüllen Sie bereits: Sie lesen Bücher, die Ihnen Anregungen geben sollen. Sie sollten sich auch dafür entscheiden, Seminare zu besuchen, in denen Sie diese Anregungen, die Sie bisher möglicherweise nur zur Kenntnis genommen haben, auch wirklich umsetzen.

Das Lesen von Fachliteratur, von Motivationsbüchern und hoffentlich auch von Büchern, die Ihren allgemeinen Wissenshintergrund erweitern, hebt Sie bereits über den Durchschnitt. Das sollten Sie noch intensivieren. Ich kann mir zwar nicht vorstellen, daß Sie täglich wie der Durchschnitt bis zu drei Stunden fernsehen, dennoch verfügen auch Sie in diesem Bereich über ein Zeitreservoir, das Sie für Ihre Weiterbildung durch Lesen anzapfen können.

Der Grundsatz, täglich ein bißchen mehr zu tun als bisher, läßt sich hier wirklich sehr leicht umsetzen. Täglich eine halbe Stunde lesen und am Wochenende zwei bis drei Stunden dafür aufzuwenden, ermöglicht es Ihnen, pro Woche ein Buch zu lesen. Das ist soviel wie der Durchschnitt in einem Jahr liest. Sie werden sehr schnell feststellen können, daß diese Verbreiterung Ihres Wissenshorizonts auch Ihren Kunden nicht verborgen bleibt.

**Lesen heißt, in wenigen Stunden Erfahrungen in sich aufnehmen, für die andere Menschen ein ganzes Leben zum Sammeln gebraucht haben.**

## Der wichtigste Zeitraum im Leben

Top-Verkäufer sind zukunftsorientiert. Sagen Sie nicht, das sei doch selbstverständlich. Ich kenne viele Menschen, die sich fast ausschließlich mit ihrer Vergangenheit beschäftigen, mit Erfolgen, die sie in der Vergangenheit errungen haben, noch mehr aber mit Niederlagen, die sie nicht verkraftet haben. Ihnen dient der Blick in die Vergangenheit meist als Entschuldigung für ein unbefriedigendes Heute.

Top-Verkäufer akzeptieren, daß die Entscheidungen von gestern ihre Gegenwart bestimmen. Selbst wenn diese Entscheidungen nicht immer richtig waren, verfallen sie nicht ins Grübeln oder in Selbstvorwürfe. Sie wissen, daß Grübeln über vergangene Niederlagen im beruflichen wie im privaten Leben einer der schlimmsten Energieabsauger ist.

Top-Verkäufer konzentrieren sich voll und ganz auf das Heute, weil sie wissen, daß ihre Entscheidungen von heute ihre Lebenssituation in der Zukunft bestimmen. Sie wissen auch, daß die Weichen für ein erfolgreiches und erfülltes Leben jetzt, in diesem Augenblick, gestellt werden.

**Der wichtigste Zeitraum im Leben eines erfolgsbewußten Menschen ist das Heute, weil es damit das Morgen vorbereitet.**

# Vertrauen säen bringt reiche Ernte

Der bestmögliche Ausgangspunkt für ein vertrauensvolles und gelungenes Verkaufsgespräch ist sicher eine gründliche Vorbereitung. Diese Selbstverständlichkeit will ich durch den Hinweis ergänzen, daß der Top-Verkäufer dabei auch alle Fragen vorausahnen muß, die ihm der Kunde stellen wird. Viele dieser Fragen tauchen bei einem Top-Verkäufer nur im ersten Verkaufsgespräch auf, um seine Kenntnisse, seine Motivation und Zuverlässigkeit auf die Probe zu stellen.

Bei allem gesunden Selbstbewußtsein und dem Vertrauen in die eigene Überzeugungskraft weiß ein Top-Verkäufer, daß ein Kunde vor allem beim ersten Verkaufsgespräch voller Mißtrauen steckt. Dieses Mißtrauen richtet sich zunächst gegen alle Einzelheiten des Angebots – gegen die Qualität des Produkts oder der Dienstleistung, gegen die Angemessenheit des Preises und gegen den Liefertermin – und natürlich auch gegen die Person des Verkäufers.

Deshalb ist das wichtigste Ziel eines ersten Kundenkontakts für den Top-Verkäufer nicht der Abschluß, sondern die Bildung eines großen Vertrauensguthabens beim Kunden. Der Top-Verkäufer weiß: Wenn er mit ehrlicher Überzeugungskraft und mit ehrlichen Angeboten bei seinem Kunden Vertrauen sät, wird er mehr ernten als nur einen Abschluß.

**Der Top-Verkäufer achtet sehr genau auf den gravierenden Unterschied zwischen Überzeugen und Überreden. Der überredete Kunde kauft nur einmal. Der überzeugte Kunde wird ein treuer Freund.**

## Mit Ehrlichkeit Vertrauen schaffen

Es gibt Kunden, die wünschen sich quasi das fliegende Amphibienfahrzeug, das man mit einem Handgriff in einen Kleintransporter und je nach Bedarf auch in einen Rennwagen verwandeln kann. Kein noch so umfassendes Angebot kann derartige Kundenwünsche erfüllen. Nur unehrliche Verkäufer, die das Programm des Einmal-Abschlusses im Kopf haben, werden versuchen, ihr Angebot auf diese Wünsche hin schönzureden.

Der Top-Verkäufer gewinnt ein großes Stück des Kundenvertrauens dadurch, daß er den Kunden ganz ehrlich darüber aufklärt, welche Funktionsmerkmale sein Produkt oder sein Dienstleistungsangebot nicht beinhaltet. Denn der Top-Verkäufer weiß, daß es besser ist, ein Geschäft nicht zu machen, als einen Kunden über die Grenzen eines Produkts oder einer Dienstleistung absichtlich im unklaren zu lassen.

Ein Kunde vergißt nie, wenn er über Details nicht ehrlich informiert wurde und wenn er hinterher feststellen muß, daß der Verkaufstermin aus den Sternen gegriffen war, nur um von ihm den Auftrag zu bekommen.

Verkäufer, die mehr wollen als Einmal-Geschäfte und „Wegwerf-Kunden“, bleiben immer bei der Wahrheit!

**Absolute Ehrlichkeit ist für einen Top-Verkäufer unabdingbare Voraussetzung für sein Handeln.**

## Die Angst vor dem Nein des Kunden

Wie geht man mit dem Nein des Kunden um? Mittelmäßige Verkäufer fürchten das Nein des Kunden, weil für sie damit das Ende der Verkaufsverhandlungen gekommen ist. Aus dieser Angst vor dem Nein verwenden sie ihre ganze Phantasie darauf, ihr Angebot so zu strecken und zu verbiegen, daß es möglichst noch den überzogensten Erwartungen des Kunden entspricht. Gleichzeitig signalisieren sie, daß sie bereit sind, mit dem Preis nachzugeben. Und vor allem schieben sie aus Angst vor dem Nein die klärende Frage nach dem Auftrag so lange wie nur möglich hinaus.

Je größer die Angst des Verkäufers vor dem Nein ist, um so länger kann der Kunde seine wahren Absichten verbergen. Vor allem kann er die Führung der Verkaufsverhandlung übernehmen. Und diese Position benützt er dazu, so lange wie es geht, nein zu sagen. Denn der Kunde fürchtet, daß seine Neugierde und seine Wünsche dazu benützt werden könnten, ihn in die Zange zu nehmen, ihn in eine Falle zu locken und zu übervorteilen.

Deshalb verbirgt er vor dem Verkäufer seine wahren Kaufabsichten, seine Wünsche und Hoffnungen. Er hält damit so lange hinter dem Berg, bis er seiner Sache absolut sicher ist und bis er den Preis auf Schnäppchenniveau gedrückt hat.

**Für den Top-Verkäufer beginnen die besten Abschlüsse nach dem Nein des Kunden.**

# Danke!

Über dieses Thema könnte ich ein ganzes Buch schreiben. Der Dank an den Kunden ist nicht nur eine Selbstverständlichkeit für einen Auftrag, den ich als Verkäufer bekommen habe. Schließlich macht mich dieser Auftrag wieder ein bißchen reicher. Mit meinem Dankeschön halte ich den Kontakt zu meinem Kunden und signalisiere ihm gleichzeitig, daß er mir als Mensch wichtig ist und nicht nur als zahlender Auftraggeber.

Sie erinnern sich an den jungen Unternehmer, der sich darüber beklagte, daß sein größter Kunde schon lange nicht mehr bei ihm gekauft habe. Die einfache Frage „Haben Sie sich jemals bei ihm für einen Auftrag bedankt?" verwunderte ihn zunächst, bis ihm allmählich die bittere Konsequenz dieser Frage dämmerte.

Die Top-Verkäufer sagen immer danke, und mit ihrem Dank beweisen sie nicht nur ihre Höflichkeit und ihre ehrliche und aufrichtige Dankbarkeit. Top-Verkäufer entwickeln für ihren Dank dieselbe Kreativität wie für das Vereinbaren eines Gesprächstermins.

Außerdem ist der Dank für einen Auftrag der beste Türöffner für den nächsten Auftrag.

**Der Dank ist die schönste Form der Kontaktaufnahme nach einem erfolgreichen Abschluß.**

# Entscheidungshemmnisse

Die frustrierendste Erfahrung macht ein Verkäufer wohl dann, wenn er seinem Kunden das Produkt in allen Einzelheiten vorgeführt hat, wenn der Kunde von diesem Produkt offensichtlich auch angetan ist – und wenn es dem Verkäufer dann trotz alledem nicht gelingt, den Kunden zum Kauf zu bewegen. Da drängt sich natürlich die bohrende Frage auf: „Was habe ich falsch gemacht?" Kennen Sie dieses Gefühl?

Sie haben möglicherweise gar nichts falsch gemacht, sondern nur übersehen, eventuelle Entscheidungshemmnisse auszuloten. Im Falle der Einbauküche hätten Sie dezent fragen können, ob der Ehemann oder die Ehefrau noch von diesem Kauf überzeugt werden muß. Der Einkäufer eines Industrieunternehmens hat bei größeren Aufträgen seinen Vorgesetzten oder auch den Unternehmer um Zustimmung zu fragen.

Im Falle des Einkäufers hätte er vielleicht sogar darum bitten sollen, daß der Entscheidungsträger wenigstens bei der Präsentation mit anwesend ist. Diesem hätte er möglicherweise Zusatzprodukte und damit Extra-Umsätze schmackhaft machen können, deren Kauf sein Gesprächspartner von vornherein abgewehrt hat, weil er davon ausging, daß er die Genehmigung dafür ohnehin nicht bekommt.

**Erfragen und beseitigen Sie immer mögliche Entscheidungshemmnisse.**

## Reich mir die Hand!

Über den Tisch ziehen, in Grund und Boden reden, diese Verkaufstechnik der verbrannten Erde hat noch keinen Verkäufer reich gemacht!

Echte Verkaufsgeschäfte finden immer in einem ausgewogenen Win-Win-Verhältnis statt. Der Kunde muß gewinnen. Der Verkäufer muß gewinnen, und nicht zuletzt muß auch der Lieferant gewinnen. Denken Sie immer wieder daran: Der Kunde sucht im Verkäufer sehr häufig einen verläßlichen Freund. Wenn es Ihnen gelingt, diese Rolle ehrlich und kompetent zu übernehmen, fängt das Verkaufen an, wirklich Freude zu bereiten. Glauben Sie mir, ein guter Verkäufer liebt seine Kunden!

**Bei einem wirklich guten Verkauf stehen Sie mit Ihrem Kunden auf Platz eins, geben sich gedanklich die Hand und lassen wie nach einem Formel-1-Rennen gedanklich den Champagnerkorken knallen!**

# Epilog

Sie sind am Ende dieses Buches angelangt, und nun wissen auch Sie: Verkaufen ist der schönste Beruf der Welt! Ich wünsche mir, daß Sie durch mein Buch „So verkaufen Sie sich reich" auch zu dieser Überzeugung gelangt sind.

Alles, was ich in diesem Buch niedergeschrieben habe, kommt aus meiner langjährigen Praxis und aus meiner tiefsten Überzeugung! Ich möchte Ihnen meine Erfahrungen schenken, damit Sie in ähnlicher Weise erleben, wie man durch begeistertes Verkaufen reich werden kann – reich an Begegnungen, reich an Erfahrungen, reich an Leben und reich an Möglichkeiten, sich Wünsche zu erfüllen.

Ich bin stolz darauf, daß meine Botschaft der Motivation mittlerweile überall auf der Welt gelesen, aufgenommen und umgesetzt wird. Ich freue mich, daß in diesem Geist der Freiheit, Ehrlichkeit und Begeisterung Menschen über alle Kontinente hinweg Visionen entwikkeln und tatkräftig in die Zukunft gehen.

Ich wünsche Ihnen Ihren ganz persönlichen Erfolg und viele, viele Verkaufsabschlüsse!

Ihr
Erich J. Lejeune, Verkäufer

# Literaturverzeichnis

Höller, Jürgen: Sprenge deine Grenzen. Mit Motivationstraining zum Erfolg. Düsseldorf 1998

Lejeune, Erich J.: Lebe ehrlich, werde reich. 3. Aufl., Landsberg 1997

Lejeune, Erich J.: Du schaffst, was du willst. Die Kraft ist in dir! 2. Aufl., Landsberg 1999

Lejeune, Erich J.: Die ce-Story. Gewinnen mit Chips. Ein Mann macht einen Markt. Landsberg 1998

Lejeune, Erich J.: Aufbruch Deutschland. Die Streitschrift eines Unternehmens zur Lage der Nation. Landsberg 1996

# Stichwortverzeichnis